伝説の「魔法」と「アイテム」がよくわかる本

佐藤 俊之 監修／造事務所 編著

PHP文庫

○本表紙図柄＝ロゼッタ・ストーン（大英博物館蔵）
○本表紙デザイン＋紋章＝上田晃郷

猿飛佐助の透明化（← p24）
LEGEND Ⅰ　戦闘系の魔法

エリクサー（← p110）
LEGEND Ⅱ　回復系のアイテム

知られざる
伝説の「魔法」と「アイテム」

マーリンの変身魔法（← p140）
LEGEND Ⅲ　変化系の魔法

賢者の石（← p284）
LEGEND Ⅴ　特殊系のアイテム

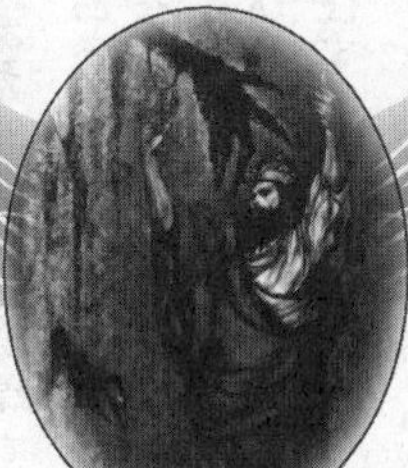

ソロモンの悪魔使役（← p194）
LEGEND Ⅳ　操作系の魔法

まえがき

魔法の正体に迫る禁断の書

魔法とはなにか？　魔術や呪文、魔法のアイテムは、ファンタジー小説や映画、ゲームなどであたりまえのように登場する。

しかし、現実には「タネもしかけもある」ことがわかっているイリュージョン、いわゆる手品もマジックと呼ぶし、透視術や予言といった、超能力をもつという人もいる。

魔術や魔法のアイテムは、かつて実在することが当然のこととして信じられていた。古代エジプトやギリシァでは、神官や巫女《みこ》が神の声を伝えていたし、中世のヨーロッパでは、魔術を使うことを理由に罪もない人びとが殺されることもあった。

古代の戦士は、おのれの力を増すために入れ墨やボディペイントをほどこし、倒した敵の骨を身につけた。また、教会では

「罪を赦《ゆる》される」という免罪符が売られたのだ。

これらは単に、科学の発達していない時代の人びとが、かれらの知識を越えたものを魔法と呼んだということだろうか。

そして霧が晴れるように、現代の私たちは魔法と信じられていたものの正体を知ってしまったのだろうか。それとも、魔法はいまもこの世に存在し続けているのだろうか。

わたしたちは、星占いが導き出す言葉に希望を託し、すばらしい芸術や文化が生みだす傑作をマジックと呼び、他人の背中にオーラを感じることができる。神社ではお守りを手に入れ、お寺には数珠を持って出かけるのだ。

そう、魔術の正体がなにかではなく、いまもわたしたちの瞳のなか、そして心のなかは魔法に満ちみちているのだ。

二〇〇八年六月

佐藤俊之

CONTENTS

伝説の「魔法」と「アイテム」がよくわかる本

CONTENTS

CONTENTS

〈ITEM〉

CONTENTS

魔法とアイテムの歴史

ANOTHER MAGIC & ITEM

○本書でとりあげる「魔法」と「アイテム」は、世界の神話や伝説に登場するものです。各章ごとに「魔法」→「アイテム」の順番で、まとめて表示しています。

LEGEND Ⅰ

戦闘系の魔法とアイテム

英雄たちを助けた威力抜群の戦闘系魔法

神話・伝説の世界に魔法の種類は数多いが、戦闘系に限定すれば、大半は除外される。戦闘の主役は、体技に秀《ひい》でた英雄たちだからだ。

❋〝いかにも〟という戦闘系魔法は案外少ない

意外に思われるかもしれないが、じつは神話や伝説の世界に、純粋に戦闘に特化した魔法は、あまり多くない。なぜなら、たいていの場合、戦闘を主題とする逸話の主人公は、人間の英雄であり、魔法使いではなく戦士だからだ。戦士である彼らは、もっぱら腕力や剣術などの体技で、戦闘に臨む。

魔法じみた超自然的な力を駆使するのは、むしろ彼らの敵である、怪物たちのほうなのである。

その脅威にあえて挑むからこそ、主人公たちはその勇敢さをもって英雄と称されるのだし、不利な状況を知恵とくふうでいかに克服するかが、戦闘の見どころともなりうるのだ。彼らが敵と同種の超自然的能力の持ち主では、物語の興趣は半減してしまう。

無論、神や魔法使いが英雄たちに力を貸すことは、多々ある。が、それらの助力は、あくまでも限定的なものにすぎない。

そもそも逸話の目的は、英雄をたたえることにあるのだから、魔法がでしゃばりすぎて、英雄の活躍がかすんでしまってはマズイわけである。

というわけで、少なくとも戦闘の逸話に限っていえば、魔法は脇役的な位置づけというのが、実情である。

いっぽう、神や魔法使いが主役の逸話では、発揮される魔法は、えてして雨を降らせて作物を実らせるものなどになりがちだ。つまり、戦闘系ではない。彼らが敵を倒す逸話もあるにはあるが、それは天候を操る力で大雨を降らせ、洪水を起こして敵を押し流すといった、応用技によるものだ。

いわば、本来は農具である鍬《くわ》を武器に転用するようなもので、通常、鍬を武器とは呼ばぬように、これまた戦闘系とは呼びにくいのである。

❁ドラゴンが火を吹くのは、戦闘系魔法か？

では、英雄たちが戦う相手、怪物たちがもつ超自然的能力は、戦闘系魔法か否か？　このあたりは、判定が難しい。英雄に退治される怪物の代表格といえば、なんといってもドラゴンである。彼らは口から火を吹くのが相場だ。はたしてドラゴンの吹く火は、魔法というのだろうか？

本書では原則として、生得の能力（スペック）は、魔法とはみなさぬ方針をとっている。なんらかの要因（神から授かる、修行によって会得するなど）を経て獲得した、スペック以外の技能

（スキル）を、魔法と定義しているのだ。

その定義にのっとっていえば、ドラゴンが火を吹くのは、鳥が空を飛ぶのと同列の、スペックである可能性が高い。怪物の超自然的能力は、これに該当するものが大半である。

以上のように、「英雄の戦闘を助ける補助魔法」、「本来は戦闘系でないものを戦闘に転用した魔法」、「いっけん魔法のようだが、じつは生得の能力」を排除していくと、戦闘系と呼ぶにふさわしい魔法は、自然と限られてくる。

本章で紹介するのは、その厳しい選考基準をくぐり抜けてきた、選りすぐりの魔法たちだ。自信をもってご紹介する、ツワモノぞろいである。

……と、いいたいところだが、一部には、戦闘系魔法か否か、どちらとも判定しがたいグレーゾーンのものも含まれている。そのあたりはご愛嬌《あいきょう》として、おおめにみていただきたい。

MAGIC

荒ぶる破壊神が額から放つ、脅異のビーム砲

シヴァの熱光線

インドのヒンドゥー神話には、最高神と目される存在が三柱ある。ブラフマー、ヴィシュヌ、そしてシヴァだ。

どの神を上位に置くかは時代によって変化し、神話のなかには、彼らが地位をめぐってたがいに争う逸話もいくつかみられる。

しかしいっぽうでは、三者全員がもとは一柱の神で、役割に応じて分裂したのだとする見解もある。「三神一体（トリムルティ）」と呼ばれるこの考えに即していえば、ブラフマーは創造、ヴィシュヌは維持、シヴァは破壊を司っている。創造された世界がしばし維持されたのちに破壊され、ふたたび新たな世界が再生される。そのくり返しが、ヒンドゥー神話の世界観なのだ。

三神の個性も、その役割を反映している。ブラフマーはもっぱらその叡智を尊敬され、ヴィシュヌは慈愛を慕われる。対してシヴァは、その苛烈さを畏怖される神だといえる。

◀ 逸話はややこっけいだが、その威力は笑い事じゃない

すべてを容赦なく破壊する、おおいなる力

もちろんシヴァは、いわゆる悪神ではない。彼がもたらす破壊は、新しい世界を生みだすために、必要なものなのだ。だが、慣れ親しんだ古きものへの愛着から、新しいものに反発する保守的な勢力は、いつの世にもある。シヴァがことさら恐れられるのは、それらの抵抗勢力を、力づくで根こそぎ一掃するからであろう。

その役割ゆえに、シヴァは絶大な攻撃力・戦闘力を有している。単純に力だけで競いあうなら、ブラフマーもヴィシュヌも、おそらく彼にはかなうまい。

シヴァの容姿もまた、その役割にふさわしく、見る者の恐怖心をあおらずにはいられない。虎の毛皮をまとい、大蛇を首飾りのように首に巻きつけ、腕を四本もち、そのうちの一本に三叉戟《みつまたげき》を携え、さらには額に第三の目を有しているのだ。

この第三の目こそが、彼が発揮する最大の力の源でもある。そこからは、あらゆるものを焼き尽くす熱光線が発射されるといわれている。

光線にまつわる事件の発端は、妻のドジにあり

とはいえこの能力は、シヴァが最初から備えていたものではない。彼がその力を得たのは、妻であるパールヴァティーの、小さないたずらがきっかけだった。

元来シヴァはストイックな神で、しょっちゅう瞑想《めいそう》にふけっていた。夫がかまっ

てくれないので、パールヴァティーは退屈しがちだった。そんなある日、彼女は瞑想中の夫の背後にそっと忍び寄って、両手でその両眼をふさいだのだった。するとたちまち世界が闇に包まれたというから、彼女もさぞかし仰天したことだろう。

だが、真に驚愕すべき事態は、その直後に起こった。突如としてシヴァの額に第三の目が開かれ、そこから照射された熱線が、ヒマラヤの山やまを燃やして世界をふたたび明るくしたのである。この光線は、修行中の偶発事故で会得した魔法なのだ。のちにシヴァはこの熱光線で、愛の神カーマを焼き殺している。その逸話にも、やはりパールヴァティーがかかわっている。例によって瞑想に夢中な夫に不満を抱き、彼女は夫の情熱を呼び覚まそうと、カーマに助力を求めたのだ。

カーマはギリシァ神話のエロス（キューピッド）と同様、他者の心臓を矢で射抜くことで、愛欲をかきたてる力をもっていた。その矢でシヴァを撃つようパールヴァティーにせがまれ、彼はしぶしぶそれに従ったのだ。ところがシヴァは、それを自分への攻撃だと早とちりする。そしてとっさに熱光線で反撃し、相手を瞬殺してしまったのだ。そもそもカーマは、シヴァのライバルたるブラフマーの息子だった。それだけにシヴァは、カーマに対しても警戒心を抱いていたのかもしれない。

あとで妻から事情を聞いたシヴァは、誤解をといてカーマを復活させたが、カーマにしてみればとんだとばっちりであろう。それにしても、人びとを畏怖させる破壊神の妻が、ドジな甘えん坊という事実は、なにやらほほえましさを感じさせる。

庶民の願望を体現した、コミカルな忍術

猿飛佐助の透明化

MAGIC

近年、安倍晴明《あべのせいめい》（１９８ページ）ら陰陽師《おんみょうじ》を主人公とした小説、映画、コミックが次つぎにヒットし、ブームを呼んだのは記憶に新しい。いまや日本の魔法使いといえば、まっさきに陰陽師を想起する人も、少なくはないだろう。が、大正から昭和にかけては、人気も知名度も、忍者のほうが断然上であった。講談や貸本のなかで彼らがくり出す忍術の数かずは、陰陽道に勝るとも劣らぬ超常現象を呼ぶ。忍者もまた、忘れてはならぬ日本産の魔法使いなのである。

真田十勇士のトップバッターは、伊賀忍者だった？

その忍者の代名詞的存在、猿飛佐助は、もっぱら架空の人物とみなされている。ただし、モデルとなった人物は実在したようだ。兵法書『萬川集海《ばんせんしゅうかい》』に挙げられている伊賀忍術名人十一人衆のうち二名が、とくに有力な候補とされる。ともに室町時代末期に下柘植《しもつげ》（現在の三重県内）に居住

◀ なぜ透明になれるのか、その合理的な説明は……ない

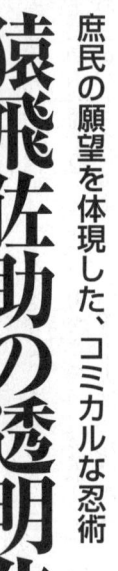

していた下忍で、ひとりは「下柘植ノ木猿」、もうひとりは「下柘植ノ小猿」と称されていた。木猿は身が軽く、樹木に隠れるのが得意で、本名を上月《こうづき》佐助といった。いっぽうの小猿は、表向きは猿回しの大道芸人として諸国を歩きつつ諜報活動に従事し、ときには猿を使って城門を内側から開錠させ、敵城に潜入したといわれる。フィクションの猿飛佐助の造形には、この両方からの影響が見てとれる。

彼らが伊賀忍者だったのに対し、猿飛佐助は甲賀忍者だが、じつは伊賀と甲賀は、ルーツをたどれば同一氏族だという説がある。木猿・小猿の伝承が発展してゆく過程で、多少出自が変えられたとしても、不思議はあるまい。

また猿飛佐助は、戦国末期の武将、真田幸村《さなだゆきむら》の配下「真田十勇士」の一員として有名だが、真田家が呪術的な修験道に精通した忍者集団、「真田衆」を召し抱えていたのは事実である。

姿を消して敵陣を撹乱《かくらん》、少年らしい忍術で人気爆発

その猿飛佐助の名が最初に登場した大衆娯楽は、講談であった。しかし、明朗快活な少年忍者というおなじみのイメージを決定づけたのは、その講談を元ネタとした、講談本（現在の大衆小説の元祖）の「立川文庫《たつかわぶんこ》」だ。

明治末に大阪の立川文明堂から刊行されていたこのシリーズは、通算二百巻以上を数えた。佐助はその第五編『真田幸村』で脇役として初登場し、その後、第四十

編『猿飛佐助』で主役に抜擢される。さらに第九十三編『猿飛佐助漫遊記』、第一〇八編『猿飛佐助江戸探り』などの続編が、次つぎに書かれたのである。

作中の佐助は、信州の郷士の子で、猿と一緒に山中を駆けめぐっていたところを忍術名人にスカウトされ、彼のもとで三年間の修行を積む。やがて十五歳で幸村に仕えるようになり、以後、その密命を帯びて東西へ奔走してゆく。

彼が駆使する忍術のなかでも、とくに定番なのが、呪文を唱えて姿を消す術だ。敵の城中に潜入した佐助が、透明化して敵兵たちの頭を殴ったり髭《ひげ》をひっぱったりすると、兵たちはたがいに仲間がやったと思いこんで、ケンカを始める。そのすきに佐助は、さらに城中の奥深くまで侵入し、城主を討ち取ったり、機密文書を盗み出したり、敵陣を撹乱したりするというのが、毎度のパターンであった。

いかにも少年忍者らしい、遊び心あふれるコミカルな忍術といえよう。江戸期から明治期にかけての芝居などでは、忍者といえば妖しげで邪悪なイメージが強く、悪役として描かれることが多かったが、「立川文庫」の佐助は、それを覆した。彼こそが、忍者を大衆娯楽の主役の座へ押し上げた、最大の功労者なのである。

そもそも、人目を気にせず思うがままにふるまいたいという願望は、だれもが一度は考える普遍的な夢のひとつだ。佐助が人気ヒーローとなったのも、彼が透明化という忍術（＝魔法）でその夢を実現し、庶民のあこがれを喚起したからにちがいない。

MAGIC

サムソンの怪力

異教徒と戦うために授かった、恐るべき頭髪

洋の東西を問わず、古来、英雄と呼ばれる人物は、怪力の持ち主が多い。ギリシア神話のヘラクレスは、ライオンと素手で格闘してこれを絞め殺しているし、足柄山の金太郎こと日本の坂田《さかた》金時《きんとき》は、幼年期からクマと相撲をとってこれを投げ飛ばしたといわれる。怪力は、英雄たちが発揮する戦闘能力の代表格なのである。

しかし、一般に怪力が魔法と呼ばれることはない。いかに常人離れした力でも、それはあくまで量的な問題であって、カテゴリーとしては、生まれつき備わった身体能力の一部とみなされるからだ。

が、サムソンの場合は、少し事情が異なる。彼もまた、生まれたときから怪力の持ち主だったが、それは天使を通じて神から授けられた、特殊能力だったのだ。

生まれる前から約束されていた力

旧約聖書の『士師記《ししき》』は、十二人の歴代「士師」たちの事績を語った列伝である。

◀ 髪を失くせばただの人。だが、伸びれば超人と化すのだ

サムソンはその十二人のなかで、もっとも有名なひとりだ。

「士師」とは、イスラエルの民（ユダヤ人）を異教徒の支配から救うため、ユダヤ教の神であるヤハウェが、地上へつかわした者をさす。サムソンの時代、イスラエルを支配していたのは、ダゴンなる神を崇《あが》めるペリシテ人だった。サムソンはそのペリシテ人と戦う使命を、生まれる前から託されていたのだった。

現に彼の母親は、前もって天使からそのことを告げられていた。そして、生まれてくる子の髪の毛を剃ってはならないと命じられていた。その命令に背けば、その子の戦闘力、つまり怪力も失われてしまうというのだ。

サムソンの怪力が魔法だと考えられる理由は、まさにここにある。髪を剃ることで失われる身体能力など、ありはしない。それは、魔法ならではの条件、俗にシバリと呼ばれるものであろう。

もちろん彼の母は、天使の命令を守った。おかげでサムソンは、ヘラクレスと同様、素手でライオンを引き裂くほどの怪力無双の闘士に成長する。そして士師としての使命に従い、彼はその怪力を駆使してペリシテ人と戦った。

頭髪の長さは信仰心の強さに比例？

まず、自分を陥れようとした三十人のペリシテ人を殺害したサムソンは、続いて三百匹のキツネをつかまえ、その尾に火のついた松明《たいまつ》を結びつけて解き放つことで、ペリシテ人の畑を焼いた。そのためにペリシテ人に逮捕されたときには、ロバの骨一本を武器に、千人ものペリシテ人を撲殺して窮地を脱し、またガザの町では、城門を柱もろとも引き抜いてみせ、人びとを驚愕させたりもしている。

そんな彼の弱点を探ろうとペリシテ人が利用したのが、悪女として名高い美女、デリラだ。彼女に恋したサムソンは、彼女がペリシテ人に買収されているとも知らず、生まれてこのかた、一度も剃ったことのない髪の毛が怪力の源であることを、打ち明けてしまう。デリラは、自分の膝枕でサムソンが気持ちよく眠っているすきに、彼の頭髪を剃った。そして無力になった彼を、ペリシテ人たちに引き渡したのだった。

恋人に裏切られ、みじめな虜囚《りょしゅう》と化したサムソンは、目をえぐられ、獄中に鎖でつながれたのち、やがてダゴン神への生贄《いけにえ》に捧げられることとなる。

だが、獄中生活を送るあいだに、彼の頭髪はふたたび伸びていた。それにつれて、失われた力も回復していたのだった。サムソンは生贄にされる直前、その力でダゴン神殿の柱を押し倒し、神殿を倒壊させ、その場にいた三千人のペリシテ人を道連れに、瓦礫《がれき》の下敷きとなって、壮絶な最期を遂げる。一度喪失した力が、ある条件を満たすことで復活するというのも、前述のシバリに即している。

それにしても、時が経てば髪が伸びるのは当然だ。怪力の源がそこにあると承知していながら、なんの手も打たなかったペリシテ人は、あまりに迂闊《うかつ》であろう。

MAGIC

ヴァハの呪い

相手兵に妊婦の苦しみを味わわせる、恐怖の魔法

馬と競走して勝つ妊婦

現在のイギリスを構成する四つの国（イングランド、スコットランド、ウェールズ、北アイルランド）のうち、北アイルランドには、アルスターという別名がある。正確には、アルスター地方を形成する九つの州のうち六州が、北アイルランドとしてイギリスに属しているのだ。そのアルスターは、戦いと豊穣を司るケルトの女神ヴァハによって、呪いの魔法をかけられたという歴史をもつ。

原因は、彼女の夫（かつてアイルランドを支配したダーナ神族の長、ヌアザだといわれるが、異説もある）の軽率さにあった。彼は妻の能力を誇り、「うちの女房は妊娠中でも馬より速い」と豪語してしまったのだ。結果、ヴァハはアルスター王の挑戦を受け、実際に妊娠中だったにもかかわらず、馬と競走するハメになったのである。

みごと競走には勝利したものの、やはり無理がたたったのか、直後に彼女は命を失ってしまう。そのいまわのきわに、彼女はアルスターを呪った。

▲女神の恨みが、アルスター全土を覆い尽くす

その呪いは、アルスターが危機に陥ったときに発動する、いわば時限爆弾のようなもの。そしてそれが発動したのは、後年、アルスターが隣国コノートと戦争状態に突入したときのことだった。

敵軍が迫っているというのに、アルスターの兵たちはことごとく病床につき、妊娠中の女性と同じ苦しみを味わったのである。

呪いを免れたのは半神半人の英雄、ク・ホリンのみ。おかげで彼は、兵士らが回復するまでの五日間、たったひとりで敵と戦わねばならなかった。

妊娠中の女性に親切にすべきなのは、人として当然のモラルだが、アルスターの人びとほど、それを痛切に思い知らされた民もなかろう。

ヴィヴィアンの空中牢

最強の魔法使いを虜囚《りょしゅう》とした、美しき愛弟子《まなでし》の罠

MAGIC

大魔法使いマーリン、女グセの悪さからその身を滅ぼす

古今東西の伝説上の魔法使いのうち、もっとも有名なひとりに、ケルトの「アーサー王伝説」に登場するマーリンがいる。アーサー王の良き助言者として知られるマーリンの魔力は絶大で、イギリス南部に実在する巨岩遺跡、ストーンヘンジを建てたのも彼だといわれる。まともに戦って勝てる相手は、多くあるまい。

ところがマーリンには、美女に弱いという致命的な弱点があった。アーサー王の宿敵たる妖女モルガン・ル・フェも、色香でマーリンを惑わし、彼から魔法を学んだという。つまりマーリンは、自身の手で強敵を育ててしまったわけである。

だが、マーリンはこの経験では懲《こ》りずに、のちにヴィヴィアン（ニネヴェ、ニニアンともいう）なる美しい妖精に恋をして、同じことをくり返している。そしてそれが、彼を「アーサー王伝説」から退場させる契機となったのだった（143ページ）。

彼から学ぶだけのことを学んだヴィヴィアンは、あるとき師匠が昼寝をしている

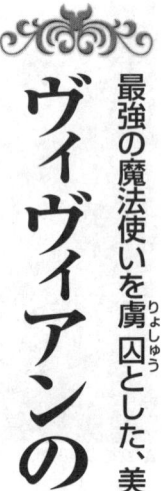

▲ 伝説の偉大な魔法使いは、その色欲で身を滅ぼした

すきに、その周囲に円を描き、霞《かすみ》の塔を出現させた。

それは、マーリンの魔力をもってしても脱出不可能な「空中の牢獄」で、マーリンはその牢の永遠の囚人と化してしまったのだ。

かつてマーリンは円卓の騎士のひとり、ガウェイン卿が通りかかった際、「私は愚かだ」と、語っていたという。

この後日談が、「アーサー王伝説」ならぬ「シャルルマーニュ伝説」で語られている。女騎士ブラダマンテ（62ページ）は、空中牢で朽ち果てたマーリンの亡霊から、有益な助言を得たのだ。

愚かな恋で身を滅ぼした大魔法使いは、死後にふたたび賢者らしさをとり戻したのである。

死後も威力を発揮した、魔性の女の能力

メドゥサの石化

MAGIC

見られると石になるのか、見ると石になるのか？

ギリシァ神話に登場するメドゥサは、髪のかわりに無数の蛇を頭から生やした女怪である。彼女の目には、見た相手を石に変える魔力があったと伝えられる。

だが一説には、じつは彼女が見た者ではなく、彼女を見た者が、そのおそろしい容姿に恐怖するあまり、石になってしまうのだともいわれる。それが本当なら、石化は彼女自身の魔力とはいえまい。魔法と呼べるかどうかも、おおいに疑問だ。

しかし、少なくともこれが先天的な力でないことだけは、わかっている。元来メドゥサは美しい乙女だったのだが、その美貌を誇ったために、女神アテネに罰せられ、怪物に変えられてしまったのだ（異説もある）。神という超越者によって、後天的に授けられた力という点では、やはり魔法のようにも思われるのである。

いずれにしても、彼女と戦う者にとって、その効果が大きな脅威であることに変わりはあるまい。なので、ここではひとまず戦闘系の魔法の一種とみなして、話を

▲ 魔力が宿るのは眼か、容姿そのものか？ 真相は不明だ

先に進めたい。
周知のとおり、その攻撃をうまくしのいでメドゥサを退治したのは、英雄ペルセウスである。彼は女神アテネの助言を受けて、メドゥサと目を合わせることなく、磨きあげた盾の表面に映った鏡像を頼りに、メドゥサの首をはねたのだった。
そしてその戦闘からの帰路、彼は美女アンドロメダが、海の怪物の生贄《いけにえ》にされかけている現場に遭遇する。彼は討ち取ったばかりのメドゥサの首を怪物の前にかざし、相手を石に変えることで、アンドロメダを救った。
仮に、生前のメドゥサの石化能力が魔法でなかったとしても、死後の彼女の首が、いわゆる「魔法のアイテム」となったのは、まちがいあるまい。

MAGIC

ジークフリートの不死性

「死なないこと」こそ、最強の証

竜の血を浴びて不死を得たものの……

極言すれば、戦闘とは殺し合いである。生き残った者が勝利する。逆をいえば、死なないかぎり、負けはしないわけだ。よって不死身の肉体を得ることは、戦闘の場で絶対的優位に立つことを意味する。全戦士にとっての夢ともいうべき、その不死性を獲得した人間が、神話や伝説の世界には幾人か存在する。とくに有名なのが、ドイツの叙事詩『ニーベルンゲンの歌』に登場する、ジークフリートだ。

彼はいわゆる「竜退治の英雄」のひとりで、竜を退治する際に、その返り血を全身に浴びたことで不死となった。彼と起源を同じくする北欧神話のシグルズも、竜の血をなめたことで鳥の言葉が理解できるようになったという。そんな竜の血がもたらす超自然的な効果は、まさしく一種の魔法と呼べよう。

だが、サムソン（28ページ）の例をみてもわかるとおり、肉体強化系の魔法には、落とし穴がつきものである。いっけん無敵になったかに思えたジークフリートにも、

▲ 完璧に見えた不死性は、じつは不完全だった

弱点はあった。

　血を浴びたとき、一枚の葉が両肩のあいだに張りついていたため、そこだけは血がかからず、唯一の急所となったのである。

　彼の妻クリムヒルトは、夫の敵にだまされてその位置を教えてしまい、結果、ジークフリートはそこを刺されて非業の死を遂げることになる。

　よく似た例は、ギリシァ神話にもある。英雄アキレウスは、赤ん坊のころに冥府《めいふ》の川の水に浸されて不死となったが、その際に母が彼の踵《かかと》を握っていたためにそこが急所となり、トロイ戦争で落命している。

　やはり人間が不死を望むのはおこがましいという教訓が、これらの逸話に隠されているのかもしれない。

ザラスシュトラの吉眼

悪しき魔力をはね返す伝説の眼力《がんりき》

MAGIC

敵を失神させて死にいたらしめる

ザラスシュトラは、ドイツ語ではツァラトゥストラと呼ばれる。哲学者ニーチェの著作や、作曲家リヒャルト・シュトラウスの交響詩の、タイトルの由来となった人物だ。英語読みはゾロアスター。といえば、もうおわかりだろう。そう、彼こそは、かつて古代ペルシァで栄えたゾロアスター教の開祖なのである。

彼は伝説的な預言者で、魔術師でもある。紀元前六三〇年、現在でいうイランに生まれたとき、彼は泣かずに笑ったと伝えられる。そのため、彼を救世主と信じる者もあれば、不吉な子とみなす者もいた。彼の父は後者に属し、なんと我が子を焼き殺そうとしたそうだ。が、父がいくら試みても、火はつかなかったという。

その後、父の虐待をきり抜けつつ育ったザラスシュトラが七歳になったとき、今度は呪術師の「邪眼」が彼を襲う。邪眼とは、相手をにらみつけるだけで呪い殺せる魔力のこと。邪眼の伝承は世界各地にあり、ユダヤ＝キリスト教の死の天使・サ

▲ ゾロアスター教の開祖は、強力な魔力の持ち主だった

リエルや、ケルト神話のひとつ目の死神・バロルも、この力の持ち主だったという。しかしザラスシュトラは、邪眼ならぬ「吉眼」の持ち主だった。彼はこれをもって敵を失神させ、さらに真言（マントラ）を唱えることで、相手を死にいたらしめたのだ。

かくて無事に成人したザラスシュトラは、三十歳で善神アフラ・マズダの啓示を受ける。彼の興したゾロアスター教は、いまなおインドを中心に、十万人もの信徒をもっている。

ところで、吉眼と邪眼はどうちがうのか？　じつは同種の魔法で、ザラスシュトラの力が勝っていただけともとれるが、ここはやはり、悪意をはね返す専守防衛の魔法と考えたい。そのほうが、宗教家にはふさわしいだろう。

梁山泊《りょうざんぱく》一の道士の必殺技

公《こう》孫《そん》勝《しょう》の五《ご》雷《らい》天《てん》罡《こう》

MAGIC

黒雲のなかから兵や竜を呼びだす

公孫勝は、明代の中国の伝奇小説『水滸伝《すいこでん》』に登場する、百八人の好漢のひとりである。彼は法術を用いる道士、すなわち中国版の魔法使いであった。彼が属する梁山泊の英雄たちは、みな個性を端的に表わすあだ名をもつ。公孫勝のあだ名は、「入雲竜《にゅううんりゅう》」。これは、彼が天候を操る術を得意としたことに由来する。

その能力は、高廉《こうれん》なる妖術使いとの対決で、いかんなく発揮された。このころ公孫勝は、いったん梁山泊を離脱して師匠の羅真人《らしんじん》のもとで修行にはげんでいたが、仲間たちからのSOSに応じて戦場へ復帰した。そしてこのとき、師匠から「五雷天罡の法」を授かったのだ。それは、黒雲のなかから金の鎧《よろい》をつけた無数の兵を出現させる術で、彼はこれを駆使してみごと高廉を破り、仲間の期待に応えた。

続いて公孫勝は、強風を起こして砂や石を巻き上げ陣を撹乱《かくらん》する力を有する、樊《はん》瑞《ずい》をも屈服させる。以後、樊瑞は彼の弟子となり、梁山泊に仲間入りする。

▲ たとえ兵が不足しても、彼さえいれば補充は可能？

その樊瑞は後日、喬《きょう》道《どう》清《せい》なる妖術使いと対決して敗北を喫し、出番を公孫勝に譲った。喬道清もまた、無から兵を出現させる術を心得ていたが、公孫勝が一喝するや、その兵らは紙切れと化す。あわてた喬道清は、黒竜、青竜、赤竜を出現させるが、それも公孫勝が呼びだした黄竜、白竜、大鵬《たいほう》の敵ではなかった。喬道清はいさぎよく負けを認め、樊瑞同様、公孫勝に弟子入りした。

　というわけで、羅真人を別格とすれば、公孫勝が『水滸伝』中の最強の道士なのはまちがいない。彼が梁山泊で第四位という高い席次を得たのも、当然であろう。が、樊瑞が第六十一位なのに対し、彼に勝った喬道清がなぜか番外なのは、どうにも解せない。

強力な武器を同時に駆使する、無敵の戦闘モード

哪《な》吒《た》の三《さん》面《めん》八《はっ》臂《ぴ》

MAGIC

童子の姿から一変して、世にもおそろしい戦士に

ご存知のように、日本のテレビ界には、変身ヒーローものというジャンルがある。中国の英雄神・哪吒は、その源流に位置する存在といえそうだ。もっぱら十歳未満の童子の姿で描かれる彼は、そのあどけない容姿とはうらはらに突出した戦士であり、戦闘時には三面八臂（もしくは六臂）の異形に、姿を変えるのである。

とはいえその設定には、複数のバージョンがある。『封神演義《ほうしんえんぎ》』での彼は武将・李靖《りせい》の三男坊で、わんぱくが過ぎたためにいったん自決に追いこまれ、師匠である仙人・太乙真人《たいいつしんじん》によって復活する。復活後の彼に三面八臂の姿を与えるのも、この太乙真人だ。よって変身魔法の使い手は、哪吒ではなく師匠だといえる。が、『西遊記』では哪吒を復活させるのは釈迦如来《しゃかにょらい》で、変身は哪吒自身が用いる術となる。

いずれにしても、その変身が戦闘に特化したものであることはまちがいない。もともと彼は多くの魔法の武器をもつが（『封神演義』では乾坤圏《けんこんけん》、火尖槍《かせんそう》、混天綾《こんてんりょう》、

▲ 多数の武器を自在に駆使。まさに歩く武器庫である

風火輪《ふうかりん》、『西遊記』では斬妖剣《ざんようけん》、縛妖索《ばくようさく》、綉毬児《しゅうきゅうじ》などを所持)、目と腕の数が増えることで、彼はそれらを同時に操れるようになるのである。

　変身後の彼の姿は、まさしく無敵の戦闘モードにほかならないのだ。

　もっとも、多面多臂の姿は彼の専売特許ではなく、インド神話の神々には、よく見られる形態だ。じつは哪吒の起源も、インドにあると推定されている。

　有力な原形と目されるのは、財宝の神クベーラの息子・ナラクーバラ。父のクベーラは仏教にとりこまれて毘沙《びしゃ》門天《もんてん》となったが、その仏教の伝来にともなって彼も中国入りし、のちに道教の神仙に転じたらしい。

　彼の変身魔法は、その出自をも物語っているのだ。

修験道の九字切《くじぎ》り

厄を祓《はら》い、身を護る呪法

MAGIC

使いこなすには激しい修行が必要

九字切りは、日本の修験道に伝わる厄除け・護身の呪法である。「臨《りん》・兵《びょう》・闘《とう》・者《しゃ》・皆《かい》・陳《ちん》・列《れつ》・在《ざい》・前《ぜん》」の九つの文字を唱えつつ、手刀で宙に直線を描く（切る）ことで、術者は災厄を免れ、勝利を得るとされる。すぐれた術者は、これで人を金縛りにしたり、霊を祓ったり、物質を切ったりもできるそうだ。

基本的な手順はごく簡単。最初の「臨」で横、次の「兵」で縦というように、五本の横線と四本の縦線を交互に引いて、碁盤状のマス目をつくればいい。

だが、形だけまねても効果はない。そもそも修験道には、山岳での厳しい修行がつきもの。術者は修行を通して、神仏から呪力を授かるのである。

さらにいえば、九つの文字はそれぞれ「印《いん》」と対応する。印とは、両手の指を複雑に組み合わせる（結ぶ）ことで、神仏の悟りや徳を象徴したもの。九字切りも本来は、「臨」で金剛鈷印《こんごうこいん》、「兵」で大金剛輪印《だいこんごうりんいん》、「闘」で外獅子印《げししいん》など、一字を唱

▲ 印を省略しても効果があるのは、修行の成果だろうか

えるごとにちがう印を結ぶのが、正式な作法だ。線を引くのはいわばその省略だから（ゆえに早九字《はやくじ》とも呼ばれる）、もとの印やその意味を知らなくては、神仏が力を貸してくれるはずもないのである。

映画などでは、よく忍者が印を結ぶ。それは忍術のルーツに、修験道があるからだ。その修験道のルーツとしては、ヒンドゥー教、密教、道教、神道、陰《おん》陽道《みょうどう》などが混在している。たとえば印を結ぶ呪法はヒンドゥー教や密教にもあるし、九字切りの呪文は道教の「六甲《ろっこう》秘《ひ》呪《じゅ》」が基礎となっている。

諸葛孔明《しょかつこうめい》の用兵呪術・奇門遁甲《きもんとんこう》（260ページ）も、この六甲秘呪から生まれたというから、九字切りはその親類にあたるともいえるだろう。

無数のコピーが一斉攻撃

孫《そん》悟《ご》空《くう》の分身術

日本忍者の代表的スキルは、中国から伝わったものだった？

分身の術と聞いて、忍者を連想する人は少なくあるまい。実際、術者が複数に分裂して敵を撹乱《かくらん》し、多方向から一斉攻撃する場面は、劇画などでは定番化している。が、じつはこの術、本来は忍術ではなく中国の仙術だったようだ。

それを証明するのが、『西遊記』である。周知のとおり、この中国の古典小説は日本でも大人気で、これを下敷きとするフィクションは枚挙にいとまがない。『猿飛佐助』（24ページ）に始まる、「立川文庫《たつかわぶんこ》」の「真田《さなだ》十勇士」シリーズも、まさにそのひとつだ。「立川文庫」の講談作家らは、真田幸村《ゆきむら》を『西遊記』の玄奘三蔵《げんじょうさんぞう》にみたてて、一連の続編や外伝を書き継いでいったとされている。

なるほど、幸村の一の家来である佐助の造形は、玄奘の一番弟子である孫悟空に酷似している。どちらもいたずら好きですばしこく、少しばかりおっちょこちょいだが、戦いにはめっぽう強い。また『西遊記』の猪八戒《ちょはっかい》や沙悟浄《さごじょう》は、悟空に説得

MAGIC

▲ 吹きだした毛がたちまち変形し、わらわらと動きだす

されて玄奘に弟子入りするが、「十勇士」の霧隠《きりがくれ》才蔵《さいぞう》が幸村の家来になるのも、やはり佐助の説得による。

それだけに「立川文庫」の忍術には、『西遊記』の妖術や仙術の影響が多くみられる。いまや忍術の代表的スキルとして認知されている分身の術は、おそらく金角・銀角との戦闘で悟空が用いた、「身外身の法」が原形だろう。

これは、左のわきの下の毛を抜いて噛《か》み砕き、プッと吹きだすと、その一本一本が悟空になるというもの。すべてが完全なコピーではなく、大きさがバラバラで、それに応じて力も異なる点がおもしろい。チビの悟空は非力なので、敵の足に噛みつくくらいしかできないのだ。そのこっけい味は、佐助の忍術にもたしかに受け継がれている。

相手の動揺を誘い、恐怖をあおる精神魔法

サトリの読心術

冷静に考えてみれば、肉体的にはノーダメージ？

サトリは、日本各地の民話に登場する妖怪である。地域によって微妙な差はあるが、一般的には、全身を黒く長い毛におおわれた猿に似た姿をもつとされ、山中の奥深くに棲《す》んで、迷いこんだ木こりや猟師を食らうといわれる（じつは無害な存在だという説もある）。その際にサトリが用いる魔法が、いわゆる読心術だ。

彼に遭遇した人間は、「怖いと思ったな?」「逃げるつもりだな?」など、考えを次つぎに言い当てられるうち、動揺して思考停止状態に陥ってしまう。が、最終的にサトリは、人間がなした無意識の行為（火にくべた薪《まき》がはねて、偶然サトリの顔に当たるなど）によって、退散を余儀なくされるのが常だ。

しかしよくよく考えてみれば、そうした偶然を待つまでもなく、じつはサトリの読心術自体には、なんら攻撃力はないことは明白である。心中を見抜かれようが、おかまいなしに逃げる、戦うといった選択肢は、じゅうぶんにありうるはずだ。勇

MAGIC

▲ 本当は弱いのか、それとも強いのか、だれも知らない

気をふるって戦ってみたら、意外に弱いという可能性もなくはない。
にもかかわらず人間たちが戦意を喪失してしまうのは、心中をのぞかれることに、本能的な恐怖感があるからだろう。
人はだれしも、みにくい欲望や感情を、心中に隠しもっている。それを知られまいとする思いが、彼らの思考を硬直化させてしまうにちがいない。サトリの術は、まさにその弱点を突いた精神攻撃なのだ。
なおフィクションの世界では、サトリに似た能力の持ち主が、よく敵の攻撃を事前に予期してかわしたりする。しかしそれを可能とするには、相応の運動能力が必要なはず。サトリの運動能力は、あくまで未知数である。

怪物を縛りつける、けっして切れない絹のリボン

グレイプニル

ITEM

グレイプニルは、北欧神話に登場する魔法の「足かせ」、もしくは「鎖」である。しばしば「紐《ひも》」とも表現されるが、それは絹のリボンのように細いからだ。が、その見た目とはうらはらに、非常に強靭《きょうじん》にできており、けっして切れることはない。

北欧神話では、こうした不思議な道具を作るのは、もっぱら洞窟の鍛冶場で働く、小人族の名工たちの役目である。グレイプニルもまたしかり。小人たちは神々の依頼を受けて、この足かせを作ったのだった。その際に彼らが用いたのが、猫の足音、女のあごひげ、山の根っこ、熊の腱《けん》、魚の息、鳥の唾液《だえき》だ。今日、これらのものがこの世に存在しないのは、その材料に使われたからだといわれている。

それにしても、神々はなぜ、こんな足かせを小人たちに作らせたのだろうか？

巨大狼を縛れ！小人たちの腕に託された希望

北欧神話の世界観では、巨人族とのあいだに行なわれる大戦争によって、神々が

◀ こんな仕打ちを受ければ、狼が怒るのも当然である

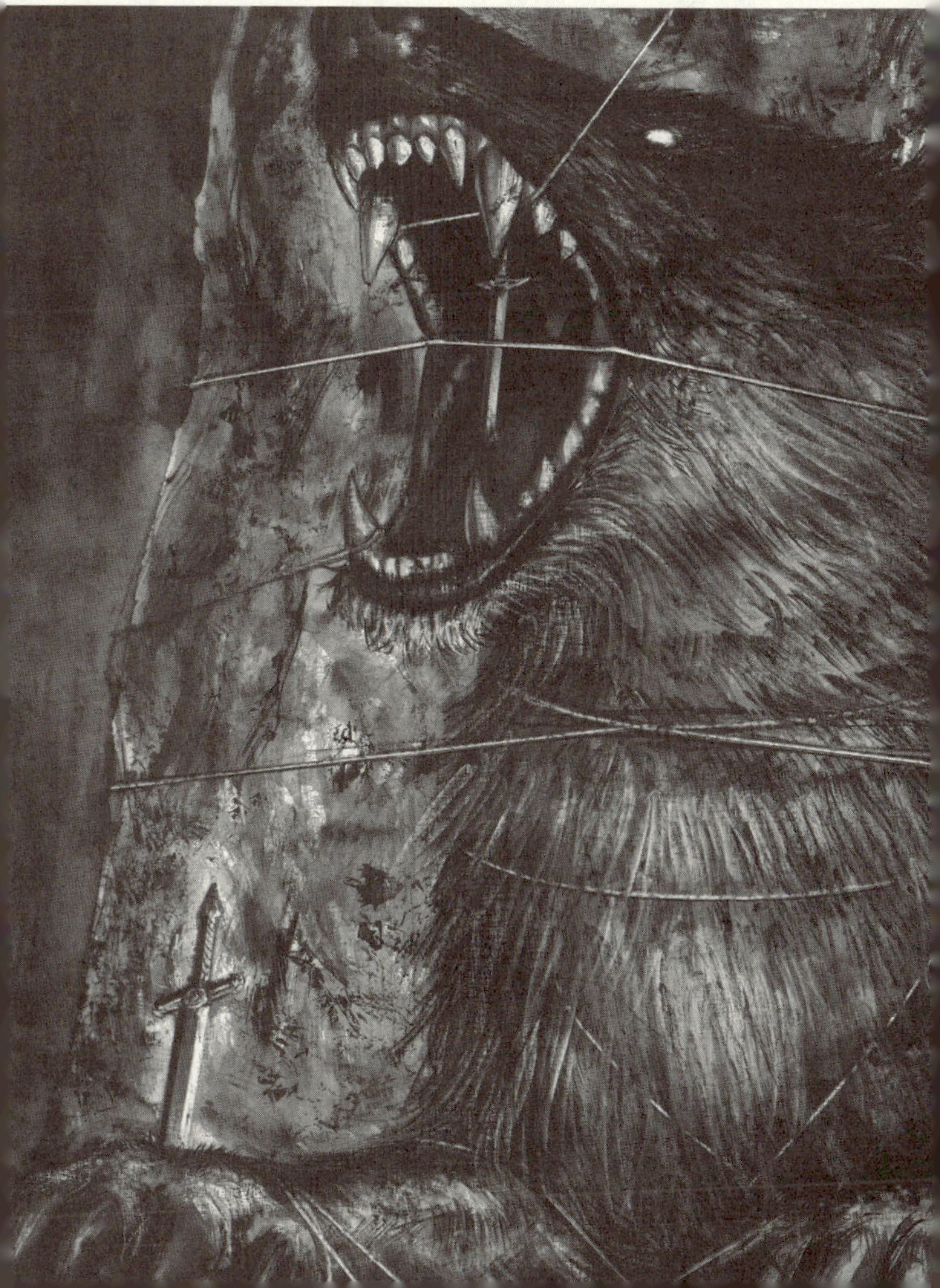

滅亡することが、あらかじめ決まっている。その終末のときをラグナロクと呼ぶが、最高神オーディンは、運命の女神ノルンからこのときにフェンリルなる大狼によって飲みこまれることになるだろうと、予言されていた。神々はそれを防ぐため、つまりフェンリルを縛りつけておくために、じょうぶなかせを必要としたのだ。

ところが、この条件を満たすのは容易ではなかった。なにしろフェンリルは、ただの狼ではない。悪神ロキと巨人族の女性アングルボザとのあいだに生まれた、凶暴な怪物であり、上あごが天に届き、下あごが地につくほど巨大だったからだ。

神々はまず、レージングという名の太い鎖をこしらえ、「この鎖を断ち切ることができれば、お前の名声は高まる」とフェンリルを言いくるめて、それで彼の身体を縛った。が、フェンリルが身をゆすっただけで、レージングはこなごなに砕け散ってしまう。そこで神々は、これの倍の太さをもつ、ドローミという名の鎖を作り、同じことをくり返した。今度はさすがのフェンリルも少々てこずったが、彼が本気で暴れると、やはりドローミも断ち切れてしまった。

こうして神々は、小人たちにグレイプニル作成を発注することになったのである。

復讐の牙をとぐ狼は、地下にてラグナロクの到来を待つ

かくて、いよいよグレイプニルの出番となるが、ここでひとつ問題が生じた。前の二回の体験を経て、そろそろフェンリルも神々の意図を察したのか、これまでの

ようにやすやすとは、それを自分の身体にかけることを承知しなかったのだ。

あるいは、見るからに太くてじょうぶそうだった前の鎖に対して、グレイプニルがいかにもきゃしゃに見える点に、本能的にワナのにおいをかぎとったのかもしれない。

フェンリルは、「この鎖が危険でないと約束するなら、信義の証に片腕を俺の口のなかに入れてみろ」と、神々に要求する。だれもがしり込みするなか、その要求に応じたのは、オーディンの息子で、勇敢な戦の神であるテュールだった。彼はフェンリルの口に自分の右腕を入れることで、ようやくグレイプニルをフェンリルの身体に巻きつけることに成功した。が、その代償として、彼は右腕を失う。

グレイプニルをどうしても断ち切ることができないと悟ったフェンリルは、激怒してその右腕を食いちぎったのだ。テュールはその後、しばらく激痛に苦しめられたという。

しかし、他の神々はついにフェンリルの脅威が去ったと安堵《あんど》し、みじめな虜囚《りょしゅう》と化した狼をあざ笑った。そして、堅固な城砦アースガルドの地下の岩に彼を縛りつけ、その口に剣をさし込んだまま、監禁し続けたのである。

けれども結局、いざラグナロクが到来すると、その混乱のさなかでフェンリルは解き放たれた。そして復讐の念に燃え、予言どおりオーディンを飲みこんでしまう。

魔法の道具をもってしても、約束された運命は変えられなかったのである。

ITEM

森羅万象を支配する、究極の宝貝《パオペエ》

太極図《たいきょくず》

明代の中国の伝奇小説『封神演義《ほうしんえんぎ》』には、「宝貝」と呼ばれる魔法のアイテムが、多数登場する。宝貝とは、仙人が作成した道具類の総称。文具、家具、衣類、はては生きた動物など、形状や大きさは多様だが、じつはいずれも、戦闘の場で真価を発揮する秘密兵器にほかならない。本章でとりあげるにふさわしい品々といえよう。

が、あまりに数が膨大なので、それらを列挙していくと、本項は宝貝だけで埋まってしまう。そこでここでは、数ある宝貝のなかでも至高の品を、ひとつだけ紹介する。それが、トップクラスの仙人・太上老君《たいじょうろうくん》が所有する、太極図だ。

史実上では思想家だが、物語上では無敵の大仙人

太上老君は、日本では通常、老子《ろうし》という名で呼ばれる。紀元前五〜四世紀の人物と推定されるが、詳細は不明。その生涯も謎が多いため、実在を疑問視する声もあるが、とにかく『封神演義』が創作した人物でないことだけはたしかだ。

◀ 太極図がフル活用されたら、物語は一瞬で完結してしまう

歴史上の人物としての老子は、仙人ではなく思想家である。その思想は、著書（弟子たちがまとめたともいわれる）の『老子』にくわしい。が、かつて大半の庶民は文字など読めなかったから、その思想は民間では、口伝えで広まっていった。

その過程で老子の思想は、いつしか仏教や民間信仰などと合体し、「道教」という宗教に変質した。道教では、修行を積んで不老長寿の仙人となることが理想の境地とされる。が、老子は、そんなことはひとことも言っていない。

それを知ってか知らずか、『封神演義』の作者（陸西星《りくせいせい》、許仲琳《きょちゅうりん》など諸説あり）は、道教の価値観を基盤として作品を書いた。おかげで老子＝太上老君は、道教の開祖としてあがめたてまつられ、超人的な大仙人に仕立てられたのだった。

これこそ、『封神演義』がしばしば、誤った知識を広めた元凶として学者から非難されたり、二流の文学と酷評される理由のひとつだが、それはさておき――。

とにかく作中の太上老君は、全登場人物中、一、二を争う大物である。太極図は、そんな大物がもつにふさわしい、最強の宝貝として位置づけられている。

底知れぬ威力をもつ禁断のアイテム

では、具体的に太極図とはいかなる品なのか？　見かけは、なんの変哲もない一巻の巻物だ。しかしその効果は、万能かつ無限。「乾坤《けんこん》（天地）を開き、陰陽《いんよう》（ものごとの相反する性質）を分かち、四象《ししょう》（春夏秋冬、もしくは水火土石）を治める」といわれる。

スケールが大きすぎて、いまいちピンとこないかもしれないが、要するに「この世のすべての物質や現象を、自在に操作できる」のである。

無数の英雄、仙人、妖怪が入り乱れて争う大戦争に、太上老君は積極的に関与しようとはしない。これは、モデルである老子の思想が、いくらかは作中にも反映されているからだろう。

老子は、「作為をなさず、自然の道に従って生きよ」と説いた。たとえ世が乱れても、世直しをこころみたりするのは作為であるから、それに参加するのは彼のポリシーに反するのだ。こうした傍観者的な態度は、『封神演義』のなかでは、しばしば「天命に従う」という言葉で表現される。

けれども彼は、主人公たる姜子牙《きょうしが》たちにたびたび助言をし、宝貝を貸し与えている。作中で太極図が実際に使用されたのも、彼からこれを借りた赤精子《せきせいし》によってだった。姜子牙の兄である赤精子は、弟が敵の術にハマって魂を吸い取られそうになった際、太極図の力で弟を救う。そして後には、自分を裏切った愛弟子、殷洪《いんこう》を処罰する時にも、これを用いて相手を灰にしたのだった。

もっとも、おそらくはこれらも太極図が秘めた力のほんの一端を垣間見せたにすぎまい。それほど、太極図の真の威力は底知れぬものがある。ある意味では、禁断の反則アイテムとでも呼んだほうが妥当かもしれない。

聖剣の陰に隠れがちな、もうひとつの宝具

エクスカリバーの鞘《さや》

ITEM

アーサー王が瀕死の重傷を負ったのは、鞘を失くしたせいだった？

エクスカリバーは、ケルトの伝説の英雄アーサー王がふるった、魔法の剣である。湖の妖精から王に授けられたこの聖剣は、どんな鎧をも貫いたといわれる。が、ここでとりあげたいのは剣ではなく、剣とセットになった鞘である。剣と同様、この鞘もまた独自の魔力を有した、立派なアイテムだったのだ。

その魔力とは、所有者の身を守るといったものだった。ある伝承は、所有者は血を流すことはないと語り、またある伝承は、所有者の傷を癒すと称しているが、いずれにしても、王の心強い味方だったにちがいあるまい。

アーサー王の助言者、魔法使いマーリンも、この鞘を高く評価していた。彼の「その剣と鞘と、いずれが大切か？」との問いに、剣だと王が答えた際には、首を振って、「その鞘には剣にまさる価値がありますぞ」とたしなめている。

しかし、マロリーの『アーサー王の死』に描かれているように、王は死ぬ。死ん

▲ マーリンもモルガンも、鞘の重要性を見抜いていた

だのではなく、神秘の島アヴァロンに旅立ったのだとする説もあるが、とにかく瀕死の重傷を負ったのはたしかだ。そしてその際、王はエクスカリバーを、ふたたび湖の妖精に返却したのである。

鞘を所持していながら、なぜ彼はそんな最期を遂げたのだろう？　鞘の魔法はいつわりだったのだろうか？

さにあらず。じつは王の最後の戦いの前に、鞘は妖女モルガン・ル・フェによって、盗まれていたのだ。

なるほど、アーサー王の死の場面を描いた多くの絵画では、湖中に消えてゆくエクスカリバーは鞘に納まっておらず、抜き身のままである。さすがの魔法の鞘も、所有者の身を離れては、効力を発揮できなかったらしい。

ITEM

アンジェリカの指輪

ヨーロッパ騎士物語で活躍した、中国の至宝

意外や意外！ アンジェリカは中国の王女

アンジェリカは、ヨーロッパの広範囲に流布する、「シャルルマーニュ伝説」の登場人物である。名前はちっともそれらしくないが、じつは中国の王女だ。

彼女の指輪は、あらゆる魔法の効果を無効化し、また口にふくむことで姿を消せる力をもつ。彼女はその力で、フランク王国（現在のフランス、ドイツ、イタリアにあたる）の王、シャルルマーニュを失脚させようと、はるばるヨーロッパまで出向いてきたのだった。が、ちょうどこのころ、フランク王国はイスラム教徒との戦争に突入。戦乱のなかで彼女は指輪を盗まれ、異郷で苦難の冒険を経験することになる。

いっぽう指輪を盗んだ泥棒は、まもなくそれを、シャルルマーニュの姪《めい》にあたる女騎士、ブラダマンテに強奪された。彼女は、戦場で出会ったイスラム戦士のロジエロとたがいに惹《ひ》かれあっており、悪い魔法使いの虜《とりこ》となった彼を救うため、指輪を必要としていたのだ。

▲ 指輪の使用上の注意は、誤って飲みこまぬこと？

指輪のおかげで恋人たちは再会を果たすが、それも束の間、ふたりはまたも離れ離れになり、その際に指輪は、ロジェロの手へ移る。

やがてロジェロは、怪物に襲われていた美しい乙女を救うのだが、なんとその乙女こそは、指輪の本来の持ち主、アンジェリカであった。彼女は自分の指輪を見るなり、歓喜してこれで姿を消し、その場から逃げだす。

その後、ひょんなことから平凡な羊飼いと恋に落ちたアンジェリカは、彼とともに中国へ帰国。対してブラダマンテとロジェロは、なお運命に翻弄されたあげく、ようやく結ばれる。

主人と離れているあいだにメロドラマを盛りあげ、ふたたび主人のもとへ戻るとは、なかなか粋な指輪である。

ITEM

神が怪物退治の英雄に贈った、「音」の武器

ヘパイストスの鳴《なる》子《こ》

怪鳥もびっくりの大音響

ギリシァ神話の鍛冶の神、ヘパイストスは、数かずの魔法のアイテムを作成した名工として知られる。ここで紹介する鳴子も、彼の作品のひとつだ。が、これにまつわる逸話の主人公は、ヘパイストスではなく、英雄ヘラクレスである。

ヘラクレスといえば、怪物退治の名人だ。ヒュドラやケルベロスなど、彼が戦った猛獣・怪物は数多い。その強敵のひとつに、ステュムパリデスの怪鳥がいる。これは、ステュムパリデスの沼地に群れをなして棲んでいた巨大な人食い鳥で、青銅の翼と鉄のくちばしを有していた。ヘラクレスは当初、これらを一羽ずつ撃破していたが、数が多くてキリがない。そんな彼の苦戦を見かねた戦いの女神アテネが、彼のためにヘパイストスに特注で作らせ、貸し与えたのが、例の鳴子であった。

大きさや形状が不明なため、「銅鑼《どら》」とも「ガラガラ」とも称されるが、いずれにせよ、すさまじい大音響を発する道具だったのはたしかだ。無論、ヘパイストス

▲ 真の形状は不明だが、美麗な装飾はいかにもありそうだ

が作ったほどだから、その音のレベルは、けた外れのものだったにちがいない。あるいは、使用者がヘラクレスでなければ失神してしまうほどだったかもしれない。

ヘラクレスがこれを鳴らすと、さすがの怪鳥も驚き、いっせいに空へ舞い上がった。ヘラクレスはそこをねらって、ヒュドラの猛毒を塗った矢を放ち、彼らを次つぎに射落として、ついに沼地から怪鳥を一掃したのだった。

ところで作成者のヘパイストスは、レムノス島に工房をもち、そこでひとつ目巨人のキュクロプスらに、鍛冶仕事を手伝わせていた。役目を終えてヘパイストスに返却された鳴子は、以後、巨人たちに仕事開始を告げる合図として、鳴らされたということである。

ITEM

無数の小人が飛びだす、巨大な魔道書

クロムウェルの聖書

清教徒革命の立役者の正体は、異端の魔術師か？

オリヴァー・クロムウェルは、十七世紀イングランドの軍人・政治家で、清教徒（ピューリタン）革命の指導者として知られる。もちろん世界史の教科書には、彼が魔法使いだったとは書かれていない。が、アイルランドにはこんな伝承がある。

彼は、馬に引かせなければならぬほどの、巨大な黒い聖書を所持していた。そのなかには親指サイズの小人たちが無数に住んでおり、聖書を開くとゾロゾロ飛びだしてきて、「仕事をくれ！」と連呼する。じつはクロムウェルが国王の軍に勝てたのも、彼らを使役して軍事拠点を次つぎと築かせたおかげだったのだ。

あるとき彼の召使いが、主人が昼寝をしているあいだに、好奇心に駆られてその聖書を開き、秘密を知ってしまう。怖くなった召使いは、わざと小人たちに無理難題を命じることで、彼らをどうにか聖書のなかへ追い払った。以後、クロムウェルが聖書を開いても、小人たちは二度と現われなくなったということである。

▲ 聖書の小人は神の使いだったのか？ それとも……

この伝承から、アイルランド人が、いかにクロムウェルを恐れていたかがうかがわれる。

クロムウェルは、革命を成功させ、国王にかわってイングランドの政権を握ったのち、軍事独裁を断行し、アイルランドに遠征した。そしてかの地の植民地化を推し進めて、多くの人民を殺戮《さつりく》したのだ。

いうまでもなくクロムウェルは、清教徒だった。つまり、プロテスタントの一派である。対してアイルランドには、カトリック教徒が多い。

同じキリスト教徒として、同じ聖書を読んでいても、アイルランドのカトリック教徒の目には、クロムウェルの聖書はなにやらまがまがしい妖気を放つ、魔道書のようにみえたのだろう。

ITEM

エクソシストの聖水

神の恩寵《おんちょう》が宿る聖なる塩水

非カトリック信者が使っても効果はなさそう

一九七〇年代のオカルト映画で、日本でもいちやく有名になったエクソシストという言葉は、キリスト教のカトリックにおける「悪魔祓《ばら》い師」をさす。映画にはかなり誇張がまじっているが、ヴァチカンから正式にエクソシストに任命された聖職者たちが、悪魔祓いのプロとしていまなお活躍しているのは、まぎれもない事実だ。

彼らの証言によれば、現実の悪魔祓いは映画ほど派手ではなく、また悪魔憑《つ》きと称される人びとの大半は、精神病患者にすぎないという。が、まれに遭遇する本物の悪魔憑きが、たとえば腕時計など、通常なら丸のみにできないはずの物質を吐き出したり、しゃがれた声で当人が知るはずのない情報をしゃべったりすることは、ままあるそうだ。そんなとき、エクソシストたちはまず聖水をふりまく。

聖水といっても、化学的にはただの塩水でしかない。特殊なのは、あらかじめ聖職者の「祝別」を受けている点だけだ。祝別とは、聖職者の祈りを通じて人物や物

▲ キリスト教圏以外では、効果のほどは疑問である

質に神の恩寵を授ける、カトリックや正教会の儀式のこと。信者の子や改宗者に洗礼を施す際にもこれが用いられるが、悪魔はその水に宿る神の恩寵をおそれて、浴びると苦悶するといわれる。

だが、悪魔憑きが聖水を浴びるなり焼かれたりするのは、フィクションのなかだけの話。悪魔祓いはときに何年もかかる根気のいる作業で、エクソシストはなかなか効果が表われぬ現実に挫折しかけながらも、その試練に耐え、ひたすら祈り続けるのだ。

つまり彼らの真の武器は、揺るがぬ信仰心であり、聖水はあくまで祈りの効果を高める、補助的な道具だといえる。当然、信仰心のない者が使用しても、悪魔に嘲笑されるのがオチだろう。

ITEM

紫《し》金《きん》紅《べに》葫《ひさ》蘆《ご》

返事をした者を吸いこむ魔法の瓢箪《ひょうたん》

偽名だろうがそんなの関係ねえ！

紫金紅葫蘆《しきんべにひさご》という呼称に覚えがなくとも、名前を呼ばれて返事をした者を内部に吸いこみ、溶かしてしまう魔法の瓢箪《ひょうたん》だと聞けば、多くの人は「ああ、アレか」と、すぐ思い当たるにちがいない。そう、出典は中国の古典小説『西遊記』、孫悟空ら一行と戦った妖怪のなかでも、とくに有名な金角・銀角が用いた品だ。

いったんこのワナにはまった悟空が、羽虫に変身して脱出し、逆に金角・銀角をこれに封じこめたことは、マンガやドラマを通じて、日本でもよく知られている。が、この紅葫蘆と対になる羊脂玉浄瓶《ようしぎょくじょうへい》の存在は、意外とマイナーかもしれない。

じつは金角と銀角の兄弟は、大仙人・太上老君《たいじょうろうくん》（56ページ）の配下で、主人の宝を五つ盗んで、下界へ逃げてきた身。紅葫蘆も浄瓶もその宝のひとつで、同じ力を備えているのだ（ちなみに残りの三つは、七星剣《しちせいけん》、芭蕉扇《ばしょうせん》、幌金縄《こうきんじょう》）。原作では、弟の銀角は紅葫蘆、兄の金角は浄瓶によって封じられている。

▲ 摂魂の術を、具現化したアイテムと呼べるだろう

しかしその本来の用途は、必ずしも戦闘アイテムではない。金丹《きんたん》を入れておく器《うつわ》と水入れなのだ。ただの容器になぜこんな物騒な魔力が必要なのかは不明だが、中国に古来伝わる「摂魂《せっこん》」なる呪術と、無関係ではあるまい。

摂魂もまた、相手の本名を呼ぶことで魂を奪う術だ。中国の人びとは伝統的に、本名（諱《いみな》）とは別に通称（字《あざな》）をもち、他者を諱で呼ぶことを非礼としてたがいを字で呼んでいた。その背景には、この術を避ける意味もあったという。

もっとも紅葫蘆は、諱だろうが字だろうが、頓着《とんちゃく》はしないらしい。孫悟空はその魔力を防ぐため、あえて偽名を名乗っていたが、偽名でも返事をしたら、やっぱり吸いこまれたからだ。

ANOTHER MAGIC & ITEM

小説世界の魔法使い紳士録

小説の魔法使いは、おおむね善なる賢者か悪しき抑圧者の、どちらかである。『指輪物語』（J・R・R・トールキン）の老ガンダルフや、『オズの魔法使い』（L・F・ボーム）の美女グリンダは前者、『魔法使いの弟子』（L・ダンセイニ）の黒魔術師や、『ナルニア国ものがたり』（C・S・ルイス）の白い魔女は、後者に該当する。

その点、『ゲド戦記』（A・K・ル＝グウィン）のゲドは、より等身大の存在だ。シリーズ一作目では、若さゆえの過ちに苦悩する彼の姿が、読者の共感を誘う。

青年ゲドはのちに賢者に成長するが、『三つの魔法』（J・ヨーレン）の少女シアンナは、結婚・出産を経て母になる。使用回数限定の魔法のボタンが、その人生のいかなる局面でどう使われるかが見どころ。魔法ファンなら必読の傑作だ。

LEGEND II
回復系の魔法とアイテム

だれもがこい願う、病魔をうち払い、死を退ける究極の魔法

地味な存在だが効果は高く、神話・伝説の世界に欠かせない回復系魔法とそのアイテム。人間のみならず、神々もその恩恵に浴している。

❁医学とリンクしている回復系魔法

少々華やかさに欠けるが、回復系魔法とアイテムは数あるファンタジー小説や映画、ゲームなどにおいてかなり重要な地位を占めている。

「負傷した主人公を瞬時に治療する癒しの女」、「死亡したヒロインを蘇生させるために魔法使いが秘薬を用いる」といったシーンは枚挙にいとまがないし、ロールプレイングゲームなどでは、回復系魔法やアイテムをいかに使いこなすかが戦術上の重

要ポイントになっていることが多い。

　これらの魔法とアイテムの使用例は非常に多いが、効能のバリエーションとなるとおおむね、
①傷病の治癒
②死からの再生、蘇生
③不老不死や不老長寿の獲得
の三つに分類される。

　以上の事例を見ているとあることに気がつく。そう、いずれも死を遠ざけるための技術。つまり医学の範疇《はんちゅう》に属するのだ。

　現代医学の外科や内科医療はもちろん①に属するだろうし、失われた組織や器官を再生させる再生医療、最先端の遺伝子治療などは②だろうか。美容整形やアンチエイジング医療などは少々強引だが③に入れてもよいはずだ。

　人類にとって最大の恐怖は「死」であり、その歴史は生命や健康に対する脅威との戦いだったといえる。いつの時代も人び

とは、これをうち払ってくれるものに救いを求めてきた。

したがって、回復系魔法やアイテムを駆使する神々やそれに準ずる存在が、人びとにとって大きな心のよりどころであったことは想像に難くない。

事実、古代ギリシァでは医神アスクレピオス（90ページ）を祀《まつ》った神殿がおおいににぎわったというし、科学的医療の基礎を作った医師ヒポクラテスは、やがてアスクレピオスの子孫であると位置づけられるようになった。

つまり、最先端の大学病院に殺到する現代の人びとは、けっして古代ギリシァの人びとを笑うことはできないのだ。回復系魔法も現代のハイテク医療も、「死に対抗する力や技術である」、という点においては同じなのだから――。

医学の発展が回復系魔法を進化させた!?

ところで、各国の神話の成立年代は大きく異なるが、おもしろいのは、新しいものほど使われる魔法が科学的になっている点だ。

たとえば、ケルト神話の治療神ディアン・ケヒトの息子ミアハは、切断された腕をつなぐときに腱《けん》や筋肉を接合するように呪文を唱えている（84ページ）。数千年前に成立した古代の神話では、術者はおおむね触ったりなでたりするだけでその効力を発揮していたのだから、格段の進歩である。つまり、回復系魔法は当時の医学のレベルを反映しているともいえるわけで、ここからも両者の密接な関係がうかがえる。

飛躍的な進歩をとげた現代の医学は、魔法に頼らざるをえなかったかつての不治の病を次つぎと消し去り、クローン技術の登場によっていよいよ「神」の領域にすら達しようとしている。人の技と神の技が融合したとき、なにが起こるのかはまだわからない。ただ、少なくともわれわれに災いをなすものでないことを祈るばかりである。

雷神にも施された癒しの力

巫《ふ》女《じょ》グロアの呪文

MAGIC

北欧神話の雷神トールは、嵐と暴風雨を司る神だ。その強さは最高神オーディンさえも一目置くほどだったが、性格は単純かつ粗暴で激しやすかった。これは、かつて彼が巨人フルングニルと決闘したときの負傷が完治しないことが原因だといわれている。ただ、このとき傷ついたトールは、まったく治療を受けなかったわけではない。その治療役に抜擢されたのは、癒しの力をもつ巫女のグロアであった。

トールじきじきの指名で治療を施す

オーディンを最高神とする神の国アースガルドは、たびたび霜の巨人たちに脅かされていた。ある日、八本足の駿馬《しゅんめ》スレイプニルに乗っていたオーディンは、最強の霜の巨人フルングニルと遭遇し、競走を挑まれる。フルングニルの馬も「金のたてがみ」と呼ばれる力強い馬であったが、この競走はオーディンが勝ち、彼はフルングニルを神々の砦《とりで》に招く。

◀ 呪文によって石の破片は揺さぶられ、しだいにゆるむ

ところが、フルングニルはその場にいた神々を侮辱したため、ちょうど戻ってきたトールが、ヨトゥンヘイムという場所での決闘を申しこむ。

しかし、この決闘は一瞬で終わってしまう。フルングニルはトールが投げた必殺の大槌ミョルニルの軌道を外すために鋭い三角の砥石《といし》をそれにぶつけるのだが、大槌はそれを粉砕しつつフルングニルの頭をうち砕いたのだ。ただ、トールも無傷ではすまされなかった。砕け散った砥石の破片が、頭に深ぶかと入りこんでしまったのである。

ここで、彼を治療するために呼ばれたのが巫女グロアである。癒しの力をもつ彼女は、これまでにも霜の巨人たちとの戦いで傷ついた者たちを治療したり、体力を回復してきた。また、彼女は岩を動かし、洪水を鎮める力ももっていたため、巨人たちに荒らされた場所の修復も行なってきた。その力を知っていたトールは、自らの治療にグロアを指名したのだ。

グロアがトールの額に手を当てて、彼女だけが知っている癒しの呪文をとなえると、まず傷の痛みが和らぎはじめ、続いて頭の中に深く食いこんだ破片がゆるんでいった。このまま、おとなしく治療を受けていればよかったのだが、傷がじょじょに治っていくことに興奮したトールは、グロアを喜ばせるためによけいなことを言ってしまう。それは、巨人族との戦いに出ていた彼女の夫アウルヴァンディルが、もうじき帰還するということであった。

これを知ったグロアは、うれしさのあまり、それまで順調に唱えていた癒しの呪文を忘れてしまうのだった。治療を再開しろと命令してもグロアはうわの空、あきらめたトールは彼女を退席させ、砥石の破片は頭の中に残ったままとなった。以後、トールは慢性的な頭痛に悩まされることになるのである。

墓場から復活し、息子にかけた癒しの呪文

結局、砥石の破片の除去に失敗したグロアだが、これは彼女の能力が足りなかったからでなく、トール自身がもたらした災難である。彼女の名誉のためにも、もうひとつのエピソードを紹介しよう。

グロアの息子スヴィプダーグは、継母のシーズから敬遠され、だれも無事にたどり着くことができない場所に住んでいるという美女、メングラドを妻にするよう命じられる。困りはてたスヴィプダーグは、グロアの墓前でその霊を呼び出して相談をする。すると彼女は息子のために、長く厳しくなるであろう道中、彼をあらゆる傷病から守る呪文をかけるのだ。

この呪文の力は絶大で、旅の途中にスヴィプダーグは幾多の災難から免れた。そしてついにメングラドを探しあてて、これを妻とするのである。

死して霊魂となった後も、息子を守り通したグロアの呪文。やはり彼女の力は本物だったのだ。

ケルト神話に伝わる超ハイテク医療

ディアン・ケヒト親子の治療術

MAGIC

神話世界の神々たちは、複数の力をあわせもっているものが少なくない。その力は、「復活と医薬の神」「死と再生の神」というように、たいていは関連性の強い組み合わせなのだが、そうでないケースも少なからずある。

ケルト神話の治療神ディアン・ケヒトのもうひとつの力は工芸、とくに鍛冶にすぐれていたというから、少々奇異な組み合わせに思える。しかし、ディアンはこのふたつの力をみごとに使い切っているからおもしろい。

父は銀製の義手を移植し、息子は腕を復活させるが……

ダーナ神族の王ヌアザは、アイルランドの先住民フィルボルグ族とのあいだに起こったモイ・トゥラの戦いで、右腕を切り落とされてしまう。ひとりの武人として隻腕《せきわん》になることは致命傷だが、この負傷はヌアザにとってそれ以上に大きな痛手となった。一族の掟《おきて》では、完全な体をもつ者しか王たる資格をもてないのだ。はたし

◀ダーナ神族の兵士は、泉の治癒力によって回復した

て、ヌアザは王権を手放すことになってしまう。

これを救ったのが、ディアン・ケヒトとその息子ミアハである。すぐれた鍛冶師であったディアンは銀製の精巧な義手を作り、ヌアザの右腕のつけねに移植するのである。ヌアザは以前の力をとり戻し、「ヌアザ・アグラドラーブ（銀の腕のヌアザ）」と称されるようになる。

しかし、移植が成功したとはいえ義手である。肝心の王権を得る資格は戻らない。そんなヌアザの不満を解決したのがディアンの息子ミアハである。長いあいだ土中に埋められていた右腕を掘りあてた彼は、これをヌアザの腕のつけねにあてがい「筋は筋に、神経は神経に」と呪文を唱える。すると右腕はみごとにつながり、指先まで自由に動くようになった。こうしてヌアザは、晴れて王位に復活するのである。

しかし、これを知った父のディアンは激しく嫉妬し、息子を殺すことを決意する。最初の襲撃ではその皮膚を切っただけだったので、ミアハは呪文によってたやすく自らを治療した。息子の存命を知ったディアンは襲撃をくり返し、二度目の傷は骨まで、三度目は頭蓋骨を切り脳にまで達したが、殺すことはできなかった。おそるべきはディアンの執念とミアハの治療術である。しかし、四度目の襲撃では頭蓋骨を断ちわり、脳をまっぷたつに切ったため、ついにミアハを絶命させる。

なんとも残酷な話であるが、その後ディアンが処罰されたという話は残されていない。王位復帰の功労者ともいえるミアハを、惨殺したにもかかわらずである。

やはり、息子に劣るとはいえディアンの力も、高い評価を受けていたのだろう。事実、その力は次のフォモール族との戦いで発揮されるのである。

治癒の泉を作りだし、負傷兵を癒す

第二次モイ・トゥラの戦いは、前回にも増して激しいものとなった。そして戦いが続くうちに、ダーナ神族は劣勢となってくる。この窮地を脱するのにひと役買ったのが、ディアンの力だった。戦いのさなか彼が息子たちと、ある井戸の上で呪文を唱えると、そこから水があふれ出し、やがて泉となった。この泉に負傷者を浸《ひた》すと、たちどころに傷が癒え、体力をとり戻した兵士たちはふたたび戦場におもむいたという。

平時、ディアン・ケヒトはあらゆる病気を癒す「治癒の泉」の管理者であったから、戦地でこれと同様のものを形成することは、さほど難しくはなかったのだろう。彼の裏方的な活躍もあって、ダーナ神族は最終的には合戦に勝利することになる。

ちなみに、ディアンとミアハの治療術には、どことなく現代医学の香りがただよっていないだろうか。父が行なった銀の義手の移植は先端素材を用いた人工骨や人工関節、息子のものは神経や細胞レベルでの人体の再生というように。そして、これらを成功させるには、治療と工芸の力もあわせもつことが、むしろ必然に思えてくるのである。

若さを永遠に保つ力と、人を急速に成長させる力

青春の女神へべの力

MAGIC

ギリシァの青春の女神へべは、全能神ゼウスとその正妻ヘラの娘である。この夫婦の子たちは、軍神アレス、火と鍛冶の神へパイストスなど、いずれもギリシァの神話世界においては主役、あるいは準主役級のスターぞろいである。

これらそうそうたる顔ぶれのなかでは、どうしても影が薄くなってしまうへべだが、それも無理のない話かもしれない。なにしろ彼女の仕事はオリュンポス宴に集う神々に、神酒ネクタルと神饌《しんせん》（神の食べ物）アンブロシアを給仕することなのだから。

とはいえ、やはり彼女はゼウスの娘であり、父から特殊な力を授かっている。それは、若さを永遠に保つ力、そしてあらゆる存在を若返らせる力だ。神々が認めた者にはへべが永遠の若さを与え、彼女自身を若返らせることもあったという。

年老いたイオラオスを若返らせる

そんなへべにも大きな転機が訪れる。ある時、宴席でのささいな失態からゼウス

◀白髪の老人が、力みなぎる若き日の姿に変化する

の怒りを招き、給仕の任を解かれた彼女であったが、ちょうどそのころ、妻の策略によって死亡した英雄ヘラクレスが神々の一員として加えられた。解任された娘を不憫《ふびん》に思ったのか、ゼウスはヘベをヘラクレスの妻として指名するのである。

「英雄色を好む」の故事にたがわず、地上界では多くの女性と浮き名を流してきたヘラクレスだったが、彼女と結婚してからはふたりの子をもうけて仲むつまじく暮らしたという。青春の女神であるヘベがいつまでも若々しく、その美しさを失わなかったこともその一因だろう。

天界で平穏な日々を過ごしていたヘベとヘラクレスは、ある日、地上界からの祈願を受けることになる。それは、かつてヘラクレスの戦車の御者を務めていた、甥《おい》のイオラオスからのものだった。

ヘラクレスの死後、その母と遺児たちを残虐な王エウリュステウスから守ってきたイオラオスは、王との戦争が勃発したときに自らの老いを嘆き、一日だけ青年の力をとり戻すことを天に嘆願したのだ。

ゼウスの許しを得たヘベは、ヘラクレスとともにふたつの星になって天から舞い降り、イオラオスの姿を黒い霧で覆い隠す。そして、その霧が消えるとそこには青年の姿をしたイオラオスが雄々しく立っていた。

こうしてかつての力をとり戻した彼は、エウリュステウスを捕縛し、その軍をみごとに撃退するのであった。

父の仇討ちを望む遺児たちを成人させる

このように、若さをとり戻す力を駆使するへべであるが、まったく逆の力も兼ね備えていたという。つまり、人を急速に成長させる力だ。

古代ギリシァの重要都市のひとつ、テーバイを攻略した英雄アルクマイオンは、ペゲウス王の娘アルシノエを娶《めと》るのだが、やがてこれを捨て河神アケロオスの娘カリロエと結婚してしまう。

アルクマイオンは、彼がかつて前妻に贈った首飾りをカリロエが欲しがっていることを知り、これをとり戻すために前妻のもとに戻るのだが、策略が露見し激怒したペゲウス王の息子たちに惨殺されてしまう。

アルクマイオンの悲惨な最期を知ったカリロエは、幼いふたりの息子をすぐに成人させ、仇を討たせてほしいとゼウスに願いを立てる。ゼウスの命を受けたへべは子どもたちをいっきに成人させ、復讐は成功するのである。

へべの力は、ゼウスをはじめとする格上の神々の許可がなければ駆使することができないし、兄弟たちのものとくらべると一段見劣りすることは否めない。しかし、その力を切望する者にとっては、この上なく価値のあるものだったはずだ。

それは、彼女を祀《まつ》った祭壇や聖所などが古代ギリシァの各所に点在していたことからでもわかるであろう。

冥界神ハデスも恐れた、神秘の力

アスクレピオスの蘇生術

MAGIC

死者を次つぎと蘇らせるみごとな腕前

アスクレピオスは、ギリシァ十二神のひとりである太陽神アポロンの息子として生まれ、少年時代はケンタウロス族の賢人ケイロンのもとで医術を学んだ。医術の神でもあった父の血筋か、その腕前は特筆すべきものがあったという。

ある日、アスクレピオスは女神アルテミスから、英雄テセウスの息子ヒッポリュトスを生き返らせてほしいと依頼される。それは己の領分を超えた行為であったが、医者としての使命感が勝り、彼はみごとヒッポリュトスの蘇生に成功した。一説によると、かつて女神アテナから授かった蘇生作用を持つメドゥサの血を混ぜた薬を使用したともいわれている。このほかにも彼は多くの人びとを蘇らせ、また、ギリシァ神話最大の冒険であるアルゴ号の航海にも同行して、その腕をふるった。

しかし、この行為が冥界《めいかい》の王ハデスの怒りを招くことになる。本来ならば死亡して冥界に来るべき人間を蘇らせると、冥界と地上界のバランスが崩れてしまうとい

▲ その杖には、生命の象徴である蛇が巻きついている

うのだ。これを重く見たゼウスは、ハデスの訴えを受けいれて、アスクレピオスを雷で打ち絶命させる。
　こうなると黙っていられないのは父のアポロンだ。善意をもって蘇生術を施した息子を殺された彼は、ゼウスに猛烈な抗議をし、最終的にアスクレピオスは天上界に医神として迎え入れられることになる。夏に見られる星座のへびつかい座がこのアスクレピオスである。しかし、なにゆえ蛇遣いなのか。
　脱皮をくり返して成長する蛇は、西洋では再生または生命力の象徴とされ、現在でも医療機関などのシンボルとしてよく使われている。
　医術の神となったアスクレピオスが、この蛇を従えていても、なんの不思議もないだろう。

バラバラの夫をみごとに再生させた究極の愛

イシスの蘇生魔術

MAGIC

神が神を蘇生させる、めずらしい例

神やそれに準ずる力をもつ者が、その力を用いて死者を蘇生するエピソードは、古今東西においてよく見られるが、神が神を蘇生したとなると、その数は非常に限定されてくる。エジプトの最高神イシスはこれを行なった数少ない女神である。

巨大な翼をもった姿で描かれるイシスは、復活や医術、そして魔術を司っていた。穀物の実りの神である夫のオシリスをよく支え、人びとにさまざまな知恵を授けたため、夫婦ともに篤く信仰されたそうだ。

これを妬《ねた》んだオシリスの弟のセトは、豪華な装飾を施した櫃《ひつぎ》の中に計略をもってオシリスを閉じこめ、櫃ごとナイル川に投げこんでしまう。悲しみにうちひしがれながらも、イシスはレバノンの浜辺に漂着した夫の死体をもち帰り、蘇生の儀式を行なった。すると、腐敗が始まっていたオシリスの体は元に戻りはじめ、やがて心臓がふたたび鼓動を開始したという。

▲ 櫃には、死者を守るために翼を広げた姿で描かれたという

死んだはずのオシリスが生き返ったことを知ったセトは、またもや彼を捕え、今度はその体をバラバラに切り刻みナイル川にばらまいてしまう。

　しかし、イシスは夫の体の断片を集め、これをつなぎあわせて再度、蘇生に成功する。以後、神々はオシリスが二度と死なないよう彼を冥界《めいかい》の王に任じた。

　この蘇生術を筆頭とする魔術は、イシスが太陽神ラーから授かったものである。のちに、イシスは魔術の象徴としてエジプト以外の地でも崇拝されるようになった。

　また彼女の夫と息子に対する深い献身と愛から、イシス信仰は時代と国境を超えて、聖母マリアの原型になったともいわれている。

人びとを癒す、エンジェルドクターの技

大天使ラファエルの祝福

MAGIC

自ら治療を行ない、医学の知恵も授ける天使

天使は、神と人間の中間に位置づけられる霊的存在で、神の意志を仲介し、癒しをなすものである。一般的なイメージでは、現われてくれただけでもヒーリング効果がありそうだが、キリスト教において、人びとへの癒しを職務としている天使は、その名前に「癒しをなすもの」「医者」「外科医」という意味が含まれている大天使のラファエルである。事実、聖書をはじめとする数かずの文献には、人びとの病を治療したり、和らげるエピソードが多く見られる。

旧約聖書に登場する族長のひとりであるヤコブが、旅をしていたときのこと。ある天使がその前に現われて彼に格闘を挑む。ヤコブと天使は一晩中組み合っていたが、天使はヤコブに勝てそうもないと見るや、彼の腿《もも》の関節を打ちこれを外してしまう。それでもしがみついてくるヤコブに、天使はイスラエルという名を与え、彼はイスラエル民族の祖となった。このときの負傷を治癒したのがラファエルである。

▲ 巡礼の守護者でもある彼は、旅の象徴である杖を携える

また彼は、直接治療を施すほかに、多くの人に医学の知恵を授けている。

盲目の予言者トビトは、ある娘に悪魔祓《ばら》いを依頼されて息子のトビアを派遣するのだが、このときラファエルは人間の姿を借りて旅に同行する。

彼は、ある川で大きな魚をつかまえたトビアに、その内臓を取りだしておくよう助言する。心臓と肝臓は悪魔祓いに、胆のうは父トビトの盲目の治療薬にするためである。助言にしたがったトビアは悪魔祓いを成功させ、さらにトビトの視力をとり戻したのである。

じつは、ラファエルは天使としての格はそれほど高くないのだが、ミカエルやガブリエルといった高級天使と並び称されている。やはり、人びとを癒すその職務ゆえ尊ばれているのだろう。

呪いをかけられた騎士と攻撃を受けつけない防具

モルガンの魔法と不死の衣

MAGIC

アーサー王を辱《はずかし》めるために使われた、邪悪な魔法

アーサー王伝説に登場するモルガン・ル・フェは、アーサー王の異父姉であるにもかかわらず、王を失脚させるために魔力をもって数かずの災いをなした魔女である。あるとき彼女は、ベルシラックという騎士に呪いをかけて、全身緑づくめの騎士に変えた後に、新年の宴を催しているアーサー王の宮殿に向かわせた。

この不気味な訪問者は、アーサー王と円卓の騎士たちを侮辱したあげく、彼らに「斧《おの》で私の首を切り落とし、それでも自分が死ななければ、一年後に報復の一撃を受ける」という危険なゲームをもちかける。だれもが躊躇《ちゅうちょ》するなか、剛胆さをもって知られるガウェイン卿がこれを受け、一撃で首を切り落とす。だが緑の騎士は、平然と首を拾いあげて去っていくのだった。

一年後、約束どおり緑の騎士の館を訪れたガウェインは、報復を受けるが、前日に館の貴婦人から不死の衣を譲り受けていたため、これをしのぐことができた。

▲ 緑の騎士の正体は、不死の衣を与えた貴婦人の夫だった

首を切り落としても死なないばかりか、ふたたび胴体につなげているのだから、緑の騎士にかけたモルガンの魔法はかなり強力だ。また、どんな攻撃を受けても傷つかない不死の衣を作ったのも、じつは彼女である。

　腹黒い魔女だが、妖精の国の支配者、そして女神としての側面ももつ彼女からすれば、この程度の魔法は造作もないのだろう。

　ところで、ガウェインが不死の衣を着てゲームに臨むのはいかがなものだろう。王たちを辱《はずかし》めんとするモルガンの思うつぼではないのか。しかし、やはりガウェインは正しい騎士だった。

　緑の騎士に己の心の弱さを潔く告白し、これを戒めとすると固く誓うことで、その誇りを保ったのだ。

二日酔いを回復し、悪鬼を倒させた秘術

アシュヴィン双神の回復術

MAGIC

双子の神は、あわれな人びとを癒す

アシュヴィン双神は、『リグ・ヴェーダ』に登場するヒンドゥーの神で、金色に輝く体をもち、常に行動をともにする双子の美青年として描かれている。彼らは神々と人間のあいだに立ち、しばしば人間の味方をしていたという。不幸な人や病人の友として、さまざまな人びとを癒したため、とても人気のある神だったようだ。

さらに、アシュヴィンは神々の医師としても活躍していたのだ。

戦いの神インドラが、悪鬼ナムチたちと戦ったときのことである。インドラは多く悪鬼を倒したが、善戦むなしくナムチに捕えられてしまう。不本意ながらインドラは休戦協定を結ぶが、ナムチは、さらにインドラを困らせるために神酒ソーマに不純物（一説によると普通の酒）を混ぜて飲ませる。インドラはソーマが大好物で、大酒飲みだったが酩酊《めいてい》してしまい、本来の戦闘力を失ってしまう。

困惑したインドラは、アシュヴィンに酔いの除去とナムチ打倒の助言を求め、こ

▲ いっぽうが天の子、他方は人の子だったという説も

れを得てみごとナムチを倒したのだ。

　戦いの神が酩酊するというのも少々情けない気がするが、混ぜ物の酒で悪酔いすることは現代社会でもよくある話である。

　また、アシュヴィン双神は、人間に好意的な神だっただけに、なかなか茶目っ気があったようだ。

　老仙チャヴァナは、若く美しい娘スカンヤを妻としていたが、これを知ったアシュヴィンは自分たちの若さと美貌をもってこれを誘惑しようとする。しかし彼らは、貞節で聡明なスカンヤに言いくるめられて、年老いた夫を無償で若返らせるはめになるのだ。

　高収入をもって女性患者を誘惑している若い医者がいたら、ぜひ聞かせてやりたい話である。

尸解《しかい》

不老不死を会得するための、道教の究極奥義

MAGIC

死んだように見えるが、精神も肉体も不滅である

　中国の道士にとって究極の目標は、宇宙の真理もしくは世界の不滅と一体となること。つまりは不老不死を会得して仙人になることだ。道教にはさまざまな法術があるが、仙人になるための術を尸解という。そのなかでも簡単なものを紹介しよう。

　まずひと振りの刀剣を用意し、その左右に仙薬を溶いた水で「太《たい》上《じょう》太《たい》玄《げん》陰《いん》符《ふ》」と書いた札を左右に置く。その後、術者の姿が見えなくなったら、まわりの人びとには用意した刀が術者の死体として見え、尸解は成ったことになるという。

　手順は拍子抜けするほどシンプルだが、ここにいたるまでの修行ははかり知れない。占術、医術、長生法、呪法、練丹術、祈禱術などのあらゆる法術を会得しておく必要があることはいうまでもない。そして、死期が訪れる前に、あらかじめ自己の精神と肉体を神仙の世界に移しておいてから尸解を行なうのである。端から見ると死んだように見えるが、別の物体を死体として見せているだけなので、仙人にな

▲ 剣を用いた尸解は、とくに剣解と呼ばれた

った後も生身の体でもって出現できるという。この尸解の術は、理論上はだれでも会得できるため、中国の歴史書には多数の仙人が登場する。

　現存最古の王朝といわれる、殷《いん》の時代にすでに八百歳だったという彭祖《ほうそ》。各時代に出現したために人びとが仮の年齢を八百歳とした李八百《りはっぴゃく》など、うんざりするほどの不老不死ぶりだ。

　有名どころでは春秋時代の名軍師、呂尚《りょしょう》（太公望《たいこうぼう》）も仙人だというから驚きである。二百歳近くまで生き、己の死を予告して死んだが、遺体が見つからなかったために、人びとは尸解したとみなして彼を仙人に列したそうだ。

　伝説の名軍師は、現代の健康ブームについてどう考えているだろう。ちょっとだけ聞いてみたい気がする。

ネクタルとアンブロシア

永遠の若さと不死をもたらす飲食物

ITEM

どうやら、ギリシァの神々はかなりパーティー好きだったようだ。その神話をひもとくと、しばしばオリュンポス山にある宮殿で酒宴に興じるシーンが見られる。太陽神アポロンが奏でる竪琴《たてごと》の音色をバックにくり広げられる、芸術の女神ムーサ（ミューズ）たちの英雄叙事詩に三美神カリテスたちの優雅なダンス。そして、給仕は可憐な青春の女神、へべである（86ページ）。

各分野の神々が惜しげもなくその才能を披露するこの豪華な酒宴、ついつい盃を重ねてしまった神も多かったことだろう。そして、この酒宴で神々にふるまわれていたのが、神酒ネクタルと神饌《しんせん》アンブロシアである。味や色についてのくわしい記述は残されていないが、その効能はズバリ、不老不死だ。

愛の神エロースの恋人プシュケを、不老不死にする

女神アフロディーテといえば、自他ともに認める美貌の持ち主であったが、ある

◀神酒の給仕役は、後に美少年ガニュメデスにかわる

日彼女は、プシュケという王妃が自分よりも美しいという評判を聞き、息子である愛の神エロースに一計を命じる。それは、プシュケが世界でもっともみにくい男に恋をするようにしむけることであった。しかし、エロースは母親の意に反してプシュケに一目ぼれし、ふたりは愛し合う仲となる。

立腹したアフロディーテは、ふたりの仲を裂こうとプシュケに数かずの無理難題をおしつけ、ついにプシュケは死の眠りに陥ってしまう。すんでのところで彼女を救ったエロースは、プシュケを自分の妻として認めてくれるようゼウスに直訴する。ゼウスはこれを認め、自らネクタルを杯に注ぎプシュケに手渡した。ネクタルを飲んだプシュケは不老不死となり、晴れてエロースと結ばれるのである。

香油として体に塗れば、不死身になれる

じつは、ネクタルとアンブロシアは文献によってその記述がまちまちで、明確な区別がなされていない場合が多い。神々が飲食するもので不老不死を授かる、といった要素だけが共通しているが、その使われ方はバラエティに富んでおり、香油として体に塗りこんだという例もいくつかみられる。

冥界《めいかい》の神ハデスに娘のペルセポネを誘拐された収穫の神デメテルは、娘を探して人間界をさまよっていたころ、ケレオス王の領国で一宿一飯の恩を受ける。その礼として、デメテルは王の息子のデモポンの乳母を買って出ることになる。彼女は、

女神としての素性を隠していたのだが、恩に報いるためにデモポンを不死の体にすべく、アンブロシアを丹念に塗りこんだという。

また英雄アキレウスも、幼少時には母のテティスによって全身にアンブロシアを塗られていた。アキレウスの母は海のニンフ、つまり神の一族であったが、父は人間、つまり半神半人の身であったためだ。ただ、母の努力もむなしく、後にアキレウスはただひとつの弱点である踵《かかと》に矢を受けて死亡してしまうのだが。

飲食しても、体に塗ってもその効能を発揮したネクタルとアンブロシアは、神話における生命力の象徴といえるだろう。そして、その効能は死者にまでおよんでいる。トロイア遠征の際、無二の親友パトロクロスを失ったアキレウスは、その仇を討つまでは友人を葬るまいと誓いを立てる。結果的にアキレウスはこれをはたし、パトロクロスの葬式を行なうのだが、その死体は、まるで生きているかのようだったという。これはアキレウスの母テティスが、やはりアンブロシアを死体に塗りこんでいたためだ。つまり、死体の防腐作用もあったのである。

ネクタルとアンブロシアは、さまざまな場面で効力を発揮した。が、基本的には神々専用の飲食物だったため、その使用に厳しい制限があった。これらを無許可で盗みだすなど、神々を冒瀆《ぼうとく》する行為を行なった小アジアの王タンタロスは、後に捕まり、冥界で厳罰に処されることになる。おそろしいことに、彼はかつてゼウスからネクタルを賜っていたために、その苦痛は永遠に続くのである。

ITEM

聖杯

キリスト教とヨーロッパ神話の融合が生んだ秘宝

聖杯とは、キリストが最後の晩餐《ばんさん》で使用した杯《さかずき》、あるいはキリストが処刑されたときその血を受けた杯であり、多くの奇蹟を起こす聖遺物とされる。その形状は、銀でできた器、あるいは大皿とされるのが一般的だ。一部では、堕天使サタンが身につけていた宝石から作られた、というユニークな説もある。

聖杯にまつわる物語は、十二世紀以降のヨーロッパ各地の伝説に登場し、いくつかの伝承では、聖杯は大地に豊穣をもたらし、荒れた大地を癒すといわれる。しかし、こうしたイメージは、キリスト教の聖遺物というより、ケルト神話の魔法の大釜（２８０ページ）や、豊穣の角など、ヨーロッパ古来の神話に登場する秘宝が、聖杯に重ね合わせられたものだという見方もされている。

命を賭けてとりくんだ聖杯探索

イギリスでは、キリストの弟子アリマタヤのヨセフの手によって聖杯がブリテン

島（イギリス）にわたり、漁夫の王と呼ばれる者に受け継がれた、と伝えられている。

中世イギリスを舞台にしたアーサー王伝説では、あるとき、騎士たちが集まる円卓のある部屋に、血のしたたる槍を手にした男と、聖杯を手にした女性が出現して消えた。これを目撃した円卓の騎士たちは、こぞって聖杯の探索を宣言する。

アーサー王の予想どおり、多くの騎士たちが聖杯を得られずに倒れたが、最終的に、若き騎士ギャラハッドが漁夫の王の城にたどり着き、漁夫の王の病を癒して荒れた大地を救い、その功によって聖人として天に迎えられた。

別の伝承では、アーサー王に仕える若い騎士パーシバル（バルジファル）が、一度、とある屋敷で血のしたたる槍を手にした男と、聖杯を手にした女性を目撃する。彼は、あれはなんなのかと不思議に思うが、騎士はみだりに人にものを尋ねるべきではない、という考えにしたがって屋敷の主には問わず帰った。

しかしその後、彼はその屋敷の主こそが漁夫の王であり、もし自分が聖杯について問いかけていれば、そのとき漁夫の王を患わせていた病は癒されたはずで、質問しなかった自分の行動こそ軽率だったと知る。そこで騎士としての修行の旅を重ねた末、ふたたび漁夫の王の城にたどり着き、以後、聖杯を守る騎士になったという。

ヨーロッパ各地に残る、そのほかの聖杯伝説

ドイツでは、ワーグナーの歌劇で有名な白鳥の騎士ローエングリンも、パーシバ

ルと同じく、聖杯を守る騎士だったと伝えられている。

フランスでは、異端とされたカタリ派（アルビ派）教会が、南フランスのモンセギュールに秘密の財宝を隠していたが、それが聖杯だったという説もある。

スペインでは、十五世紀までイベリア半島を支配していたイスラム教徒のあいだで、ピレネー山脈の中の聖地に聖杯が隠されていると信じられていたという。

では、こうも神聖視された聖杯には、どんなご利益があったのだろうか。

じつは、こうした伝承でも「聖杯の恩恵」は明確に語られていない場合が多い。中世の騎士道物語のなかでは、聖杯がなにをもたらすかより、聖杯を求めること自体に、キリスト教への信仰心と騎士道精神を示す試練としての意味があったようだ。

アーサー王物語では、王妃との不倫を犯してしまったランスロット卿など、立派な騎士だが道徳的な欠点をもつ者も少なくない。そんななか、ギャラハッドもパーシバルも、敬虔《けいけん》で純潔な騎士ゆえに聖杯にたどり着けたとされている。

さて、そもそもキリストは中東のエルサレムで死んだ。そのときの聖杯が、なぜ千年以上も経ってから、遠く離れたヨーロッパで話題になったのだろうか?

十～十二世紀のヨーロッパは、ケルト族やゲルマン族の古来の信仰にかわってキリスト教が定着した時期であり、イスラム教との十字軍戦争の時代だった。

聖杯をめぐる数かずの伝説は、こうした、ヨーロッパでキリスト教信仰のシンボルが強く求められた時代が生みだしたものだったのかもしれない。

ITEM

エリクサー

錬金術によって生みだされた、万能の霊薬

パラケルススの理想とサン・ジェルマンの野望をかなえた薬

エリクサーは、万病・難病の治療、不老不死、延命効果といった効能をもつとされる万能の霊薬で、十六世紀に活躍した錬金術師・医師のパラケルススは、これを作りだすことに成功したといわれている。

ドイツのある町の議員の家に呼ばれたパラケルススは、原因不明の難病で、生まれつき体が麻痺《まひ》して動けない娘の治療を依頼される。ひととおりの診察を終えた彼は、娘にある薬を飲ませる。その後、家族との夕食に招かれたパラケルススが食卓を囲んでいると、動けないはずの娘が入室してきて、パラケルススに泣きながら礼を言ったという。このときに彼が用いた薬が、エリクサーだと伝えられているのだ。

彼は何人も、難病で苦しむ患者をこの薬で救ったという。これはエリクサーの難病に対する薬効の一例だが、エリクサーによって不老不死を得た人物もいる。

十八世紀のフランス宮廷に現われたサン・ジェルマン伯爵は、錬金術の奥義をき

▲エリクサーと賢者の石は、同一のものだったとも

わめ、エリクサーや賢者の石（284ページ）の製法を習得し、自らを不老不死であると喧伝《けんでん》していた。

世間では、彼を眉唾《まゆつば》ものの山師とみる向きもあった。だが、ヨーロッパのあらゆる国々の言語を使ううえに大変な博覧強記、気品あふれる言葉で、ソロモン王をはじめとする歴史上の人物との親交を語ったため、たちまち社交界の人気者となる。

公式記録では一七八四年死亡とされるが、十九世紀になってもヨーロッパ各地で目撃談が伝えられたという。

どちらの話も、にわかに信じがたいかもしれないが、医学がいまほど発達していない時代においては、これらの効能をもつ薬が熱望されていたことだけはまちがいないだろう。

ITEM

ユニコーンの角

強力な解毒・浄化作用をもつ、薬屋さんのシンボル

毒殺を恐れた権力者たちが、こぞって求めた品

その優美な姿からか、数ある聖獣の中でもユニコーンの人気は高い。白い体に長いたてがみ、長く伸びた一本の角。絵画や彫刻に見られるその姿は、気品に満ちあふれている。しかしこの聖獣の実態は、外見に反してかなりやっかいだったようだ。力は非常に強く性格は凶暴、好色で処女を好んだという。捕獲が非常に困難なため、処女をおとりとしたが、これが偽りとわかると、その女性を角で刺し殺したことがあるそうだ。しかし、なぜそこまでしてユニコーンを捕獲しようとしたのだろうか。それは、額の角に強力な解毒と治療の作用があったためだ。

古代ギリシァの歴史家クテシアスは、ユニコーンの角で作った器はあらゆる毒を打ち消し、病を治す力をもつと記述している。また中世のヨーロッパでは、毒薬を検知・浄化する力があったとされている。毒が入れられた食物の前にユニコーンの角を置けば、毒がたちどころに浄化されるか、角が変色あるいは汗をかき、毒の存

▲ 海獣イッカクの角を偽って販売していた薬屋もいたという

在を知らせたというのだ。

各国の権力者たちは大枚をはたいてこれを求めたそうだが、これは政争における毒殺を未然に防ぐためであったことは言うまでもない。

また、角の粉末は万病の治療薬として珍重され、高値で取引されたという。

さらに、角だけでなく、その肝臓で作った軟膏はハンセン病の特効薬、革のベルトは発熱や疫病の予防に効果があったとされている。

その強力な解毒・浄化作用から、いつしかユニコーンの角は薬屋のシンボルとしても使われるようになり、十七世紀にはロンドンの薬局協会の紋章に採用された。今日でも、ドイツなどでは薬屋の看板としてユニコーンが用いられているという。

蘇生の木の葉

イタチも使える、お手軽な死者蘇生アイテム

ITEM

最高神の力が宿っている木の葉

回復系アイテムのなかでも死者を蘇生させるものとなると、使う側にも相応の覚悟や苦労が求められるものが多い。効能を考えれば当然だが、北欧神話に登場する蘇生の木の葉は、イタチですら使用できたという、かなり手軽なアイテムである。

英雄ジークフリートの父として知られるシグムントには、双子の妹シグニィがいた。彼女は、父ヴォルスンガのすすめでゴート族の邪悪な王シゲイルと結婚するが、やがてシゲイルは策略をしかけて彼女の父を殺してしまう。シグニィは復讐を誓うが、その息子たちはシゲイルを倒す力量に欠けているため、彼女は魔女の力を使って兄弟のシグムントと床をともにする。こうして生まれたシンフィヨトリは、シグムントのもとで鍛えられて力強く成長していく。

あるとき、森の中を旅していたシグムントとシンフィヨトリは、呪いがかかった狼の皮をまとってしまう。心が獣と化したふたりは用心して別行動をとるが、ふと

▲ 落ち葉は翌春の芽吹きを招き、再生の象徴とされる

したことからシグムントはシンフィヨトリの喉《のど》に噛《か》みつき、殺してしまう。

落胆したシグムントは翌日、二匹のイタチの争いを見る。片方のイタチが噛み殺されるが、もういっぽうが、ある木の葉をくわえてきて死んだイタチにかぶせると、たちまち蘇生したのだ。

シグムントはすぐに、この葉を探し始めるが、そのとき偶然にもカラスがこの葉を落としていく。これをシンフィヨトリの喉にかぶせると、彼は生き返ったのだった。

死体にかぶせるだけなのだから、たしかに手軽だ。ただ、カラスは最高神オーディンの使者、シグムントはオーディンの末裔《まつえい》である。とすればこの木の葉、最高神の力が宿っていると考えるのが妥当ではなかろうか。

神々の永遠の若さを維持する黄金のくだもの

イズンのリンゴ

ITEM

女神イズンとセットで、はじめて効力を発揮する

リンゴは神話と関わりが深いくだもので、とくにヨーロッパの神話では、生命、若さ、知恵、豊穣などの象徴として頻繁に登場する。北欧神話の女神イズンが管理している黄金のリンゴも、やはり非常に重要な役割を担っている。

彼女が管理するリンゴの木は、神の国アースガルドのほぼ中心に生えていた。神々はときどきここを訪れ、イズンから与えられた黄金のリンゴを食べることで、その若さと不死を保っていたのである。

ある日のこと、オーディンは兄弟のヘーニル、火の神ロキの三人で旅をしていたのだが、夕食の準備中にロキが霜の巨人シアチに拉致《らち》されてしまう。シアチは解放の条件としてイズンを連れてくることを強要する。ロキは彼女をたくみにだまして連れ出し、シアチはこれをリンゴごとさらってしまう。そのころ、アースガルドでは神々たちに大きな変化が現われていた。神々たちが急速に活力を失って老衰しは

▲ リンゴを食していても、イズンが消失すると効力が消える

じめたのだ。黄金のリンゴの力は、これを管理するイズンがいなければ発揮されないのである。

イズンとリンゴの奪還をオーディンに命じられたロキは、鷹《たか》に姿を変えて巨人国へ飛び、彼女を救出してアースガルドに帰還する。

怒ったシアチは鷲《わし》の姿で追跡するが、城壁の上で待ちかまえていた神々によって焼き殺された。そして元の姿に戻ったイズンから改めてリンゴを与えられ、神々は若さをとり戻したのだ。

しかし、なぜ神話ではリンゴが重要視されるだろう。古代では、そのあまさが珍重されたのは容易に想像がつくのだが。この疑問はリンゴを横に切るといくぶん解消する。そこには、あの神聖な五芒星形《ごぼうせいけい》が見えるではないか。

ITEM

永遠の若さを保つ、メソポタミアの薬草

シーブ・イッサヒル・アメル

死を恐れたギルガメシュ王が、探し求めるが……

ギルガメシュは古代都市ウルクを治めていたメソポタミアの王で、女神ニンスンを母にもち、体の三分の二が神、三分の一が人間だった。彼は親友のエンキドゥとともに怪物フンババを退治するなど、類いまれなる強さを誇ったという。

フンババを退治したギルガメシュに魅せられた女神イシュタルは、彼を誘惑するが相手にされなかったため、報復としてエンキドゥに呪いをかける。十二日間苦しみぬいた後に死んだ親友を目の当たりにしたギルガメシュは、死を恐れるようになり、神々から不死を授かっていた賢人ウトナピシュティムに会う旅に出る。

ウトナピシュティムの住む川辺に到着したギルガメシュは、不死を獲得するために七日間眠らないよう命じられるが、旅の疲れからか、すぐに眠ってしまい、七日目にようやく目をさます。これを不憫《ふびん》に思ったウトナピシュティムの妻は、シーブ・イッサヒル・アメルという薬草が水底に生えていることを伝える。「老人が若

▲ この薬草を食べた蛇は、抜けがらを残して逃げ去った

返る」という意味をもつこの薬草には、命を新しくする力が宿っているというのだ。体に石を縛りつけて水底に達したギルガメシュは、これを手に入れ帰途につく。

しかし、泉でギルガメシュが水浴びしているときに、薬草の強い香りをかぎつけた蛇がこれを食べてしまう。失意のうちに帰還した彼は不死をあきらめ、残りの人生を過ごしたという。

……なんとも残念な話だ。しかし、この薬草は本当に若返りの薬効があったのだろうか。じつは、この話、後日談がある。かつてメソポタミアでは蛇は脱皮をしない動物だったが、この薬草を食べてからは、脱皮をして永遠の若さを保つようになったという。やはり若返りの薬効はあったのだろう。

ソーマ

神そのものになったスーパードリンク

戦いの前にインドラが飲んだ酒

ソーマは、天上界の植物から抽出された飲料で、ヒンドゥー神話では神々の酒とされている。これを飲んだ者は無限の活力を授かるとともに心身は壮健になり、全身に勇気が満ちあふれるといわれている。さらに、疲労回復、病魔退散、不老長寿、子孫繁栄の効能もあるというから、さすがは神々の酒である。

その効能からソーマはヒンドゥー神話のさまざまな場面で登場する。とくに有名なのが、インドラが魔族の竜ヴリトラとの戦いで使用したというエピソードだ。

ヴリトラは水をせき止める力をもつ悪竜で、地上の人びとはその力によって起きた干ばつによって苦しんでいた。インドラは、人びとの願いを聞き入れてこれを退治することを決意するが、ヴリトラの手強さを知っていたため、戦いの前に牡牛百頭ぶんものソーマを飲み干した。その結果、全身に勇気が満ちあふれるだけでなく、その体は巨大化し、天と地を満たすほどになったという。そしてインドラは激しい

▲ 原料は、ヒマラヤに自生するというソーマの木だ

戦いの末にヴリトラを倒すのである。

やがて、ソーマは飲料であるにもかかわらず神々のように扱われるようになり、ついには月の神、草木の長として位置づけられた。

やはり、その効能が人びとの人気を集めたのだろう。全十巻のヒンドゥー教聖典『リグ・ヴェーダ』では、一巻まるごとがソーマ讃歌として成立しているほどである。

ところで、じつはソーマは実在した飲料だともいわれている。もちろん、神々の酒としての効能はなく、実際は宗教儀式に用いられる興奮剤だったようだ。

しかし、できることなら疲れた現代人のために、神話上の効能をもって復活してほしいものである。

ITEM

真紅の羽根が授ける不死身の力

ガルーダの羽根

切断された体も、なでるとつながる

ヒンドゥー神話に登場するガルーダは、人間の体に鷲《わし》の頭と翼、爪をもつ聖獣だ。邪悪な蛇族ナーガの策略で、生まれた直後に最高神ヴィシュヌと戦うことになったが決着がつかなかったため、ヴィシュヌの乗り物になるかわりに不死身を授かった。

この不死身の能力は、己の体のみならず他者にまで影響をおよぼし、その治癒と回復のエピソードは、インドをはじめとするアジア全域に残されている。

古代インド、コーサラ国の王子ラーマは、弟とともに悪鬼ラークシャサとの戦いに臨むが、瀕死の重傷を負ってしまう。これを見ていたガルーダは、ふたりのもとに降り立ち、彼らをはげますとともに、その羽根で傷ついた彼らの体をなでた。すると、たちまち傷が癒えて体力も回復したという。その後、回復したラーマたちが奮戦し、ラークシャサを退けたのはいうまでもない。

また、モンゴルの説話「ジュギーン・メルゲン」では、主人公のジュギーンを疎《うと》

▲ 抜けおちた羽にも不死の力が宿っていた

んじていた妻が、これを遠ざけるための口実として、あおぐだけで病を治す力をもつガルーダの羽根を欲しいとねだる。

ジュギーンは、長い苦難の旅の末にこれを手に入れて帰還するが、妻の策略によって胴体をまっぷたつに切断されてしまう。

しかし、彼の愛馬の知らせを聞いて駆けつけた姉たちが、その体をぴったりと合わせて、継ぎ目をガルーダの羽根でなでると、体はみごとにつながり、ジュギーンはなにごともなかったかのように蘇生するのだ。

ガルーダは、国境や宗教を超越して広く信仰を集めた。やはり、人びとにとって不死身の能力とは、とても魅力のあるものだったのだろう。

ITEM

どんな病気も回復する奇跡の水

張角《ちょうかく》の符水

民衆の支持を集め、後漢崩壊の遠因ともなった

幾多の英雄や豪傑が、はなばなしく活躍する『三国志演義』。その物語はいまから約千八百年前、後漢帝国の末期から始まる。当時の中国は、たび重なる天災や疫病、さらに王朝の政治的腐敗によって、民衆の不満が頂点に達しており、これが黄《こう》巾《きん》の乱という形で爆発した。この反乱の指導者が張角である。

若いころ山中で薬草を採って暮らしていた彼は、ある日、南華老仙《なんかろうせん》という仙人から『太平要術《たいへいようじゅつ》』という三巻の書物を授かり、そこに書かれている教えをもって世の人を救済することを命じられる。その後、張角は昼夜を問わず修行にはげみ、ついには自由に風を呼んだり、雨を降らせることができるようになったという。

さまざまな法術を会得した張角だったが、特筆すべきものは符水を用いた病気の治療だ。近くの村で疫病が流行したとき、彼は呪文が書かれた護符を燃やし、その灰を混ぜた水を病人に飲ませたという。すると病人の容態はみるみる回復し、やが

▲ 張角は符水だけでなくカウンセリングも行なっていたという

て彼の門前には治療を求める人が一万人以上も集まるようになったという。

信奉者を集めて太平道という教団を立ち上げた張角は、後漢打倒のために黄巾の乱を起こす。反乱は中国全土に広がり、帝国の土台をゆるがした。

彼の弟の張宝《ちょうほう》と張梁《ちょうりょう》も法術で討伐軍をおおいに惑わしたというから、彼らも兄と同様の力を得ていたのだろう。

しかし、乱の途中で張角が急死すると、カリスマを失った教団はその求心力を失い、鎮圧されるのである。

こうして張角の理想は潰え、教団は賊として討伐されるが、後に後漢は崩壊し劉備《りゅうび》、曹操《そうそう》らが覇を競う三国時代が始まる。黄巾の乱以後、約百年続いた戦乱は、彼の怨念が呼びこんだのかもしれない。

視肉

無限に再生し、尽きることがない食用生物

ITEM

復活に備えて帝王の墓に収められた、不思議な生き物

古代中国の地理書『山海経《せんがいきょう》』には、視肉という不思議な生物のことが記されている。この視肉、牛の肝臓のような外観にふたつの目をもつが、手足はなく、自分から動くことも声を発することもなく、ただ生きているだけだという。

なにやら不気味な存在だが、これが食用であるというから驚きである。調理不要で、切り取ってすぐに食べられるうえに、その味はノロジカに似た薄い味だという。ノロジカの肉は良質で美味とされているから、この視肉も味は悪くないはずだ。また、切り取ろうとしても拒まず、怒るようなこともなかったらしい。さらに、視肉は切り取ったあとがすぐにもりあがって再生し、けっして尽きることがなかった。

食べるそばから再生するのだから、これをうまく利用すれば非常に有効な飢饉《ききん》対策になるはずだが、中国の為政者が視肉を広く求めたとか、計画的に繁殖しようとしたというような記述は見られない。これはおそらく、視肉の希少性と神秘性によ

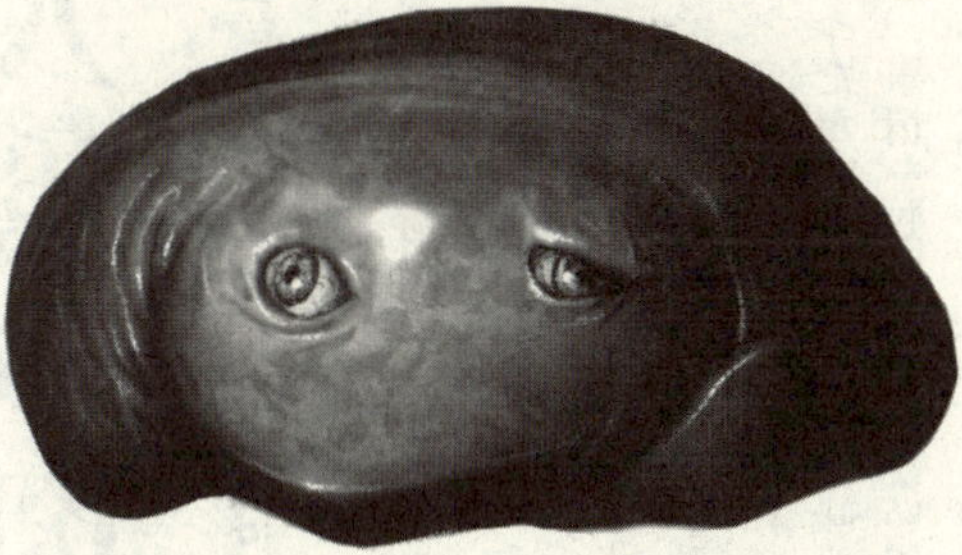

▲ 食べるそばからもとに戻るため、追復とも呼ばれる

るものだろう。

視肉は無限に再生できるが、なにも取りこんでいないのではなく、大地の精気を吸って育っている。そして、その生息地は、崑崙山《こんろんさん》のような霊山に限られていたそうだ。加えて、視肉は古代中国の帝王の陵墓には必ずいたといわれている。埋葬された帝王が復活したとき、飢えないように副葬品として陵墓に入れられていたらしい。

つまり、その神秘的な性質から、ごく限られた人間のあいだでしか食べることを許されていなかったのだろう。

いずれにせよ、大規模な気候変動や人口爆発で、今後ますます悪くなる現代の食料事情を考えれば、古今東西のアイテムのなかでも、視肉こそがもっとも求められるべき食料かもしれない。

ITEM

人魚の肉

不老長寿をもたらす摩訶《まか》不思議な食べ物

八百歳まで生きた尼僧《にそう》は、はたして幸せだったのか？

人魚というと、まずアンデルセン童話の「人魚姫」を連想する人も多いだろう。人魚と王子の恋の物語は、世界中で親しまれている。しかし、日本にも各地に人魚伝説があり、大半がその肉を食べることから始まるとしたら興ざめだろうか。

福井県小浜《おばま》市にある空印寺《くういんじ》の境内に、八百比丘尼《はっぴゃくびくに》という尼僧が入滅したとされる小さな洞窟がある。この八百比丘尼、もとは、高橋権太夫という長者の娘だった。

権太夫はある人から人魚の肉を入手して棚にしまっておいたのだが、娘はこれを人魚の肉と知らずに食べてしまう。それ以後、不思議なことに何年経っても娘は若いままだったため、周囲から気味悪がられるようになるが、結婚だけはしたいということで、事情を知られていない遠くの村から婿《むこ》をとった。

時が経ち、父も夫も次つぎと年老いて死んでいったが、娘の姿は人魚の肉を食べた時のままだった。その後、何度か結婚するが結局夫を看取るのは彼女で、やがて

▲ 江戸時代後期、日本は人魚の剥製の一大輸出国だったとか

村に彼女の身寄りはいなくなった。悲しみに暮れた彼女は出家して諸国を遍歴し、各地で椿《つばき》を植えたという。

数百年後、生まれ故郷に戻ってきた娘は、鉦《かね》の音が途絶えたときが自分の死んだ時だと村人に告げ、ある洞窟にこもる。それから数年間、読経と鉦の音が聞こえていたが、やがてそれらは聞こえなくなったそうだ。

古来、日本では人魚の肉は不老長寿の霊薬とされてきた。美しい人魚を解体して食べるのは残酷な気もするが、日本の人魚はかなり小さく、その姿もどちらかというとグロテスクで、美しい西洋のそれと異なるものが多かった。

日本人は見た目の悪い魚も平気で食べてきたので、人魚を食べるのにもさほど抵抗はなかったのかもしれない。

ANOTHER MAGIC & ITEM

究極のアイテムはやっぱり……

もし無人島に、一個だけ魔法のアイテムを持っていけるとしたら、みんなはどんなアイテムを持っていくだろうか？

なによりも大切なのは食料だと考えるなら、無限に食べ物が湧いてくる**魔法の大釜**がいいかもしれない。だが、大釜はかなり大きくかさばる。それなら、食べても食べても無限に再生する肉、**視肉**のほうがコンパクトで、持ち運びにも便利だろう。

いや、食べ物は自力で探せても、病気や怪我をしてしまうと、医者のいない無人島ではお手上げだという考えかたもある。そんなときのためには、万能の治療薬である**エリクサー**を常備しておけば一安心だ。

……が、結局は、命令ひとつで魔神がどこにでも連れて行ってくれる、**アラジンの魔法のランプ**こそが、究極の無人島向け魔法アイテムかもしれない。

LEGEND Ⅲ

変化系の魔法とアイテム

人間の深層心理に根ざすあこがれが生みだした魔法

自分以外のものに姿を変えたい――。それは人間が太古から抱き続けてきた夢。かなえられないからこそ、人びとのあこがれをさらにかきたてる。

❁変化系魔法は人間には扱えない!?

この章で扱っている変化系の魔法には、術者自身が動物や怪物、他人などに変身する魔法、術者自身ではなく他人を動物や別人などに変身させる魔法、なにか物質などを変化させる魔法の三種類が含まれている。

ひとつめの、術者自身が変身する魔法の代表的なものが、さまざまな動物に変身して人間の女性に近づいた「ゼウスの変身術」（136ページ）や、巨大な魚から小人、はてはブッダにまで変化する「ヴィシュヌの十のアヴァターラ」（１４４ページ）だ。

ふたつめの、他者を変化させる魔法の代表的なものは、美少年ナルキッソスを花に変えた「ネメシスの呪い」（１５０ページ）や、「フレイヤの動物化魔法」（１５４ページ）である。

そして最後の、物質を変化させる魔法の代表的なものが、かぼちゃを馬車に、ネズミを御者に変化させた「シンデレラにかけられた魔法」（１５８ページ）や、触れたものを黄金に変化させてしまう「ディオニュソスの黄金の力」（１４８ページ）などであろう。

これら変化系の魔法には、ひとつおもしろい特徴がある。それは、自身や相手を動物に変えてしまうような変化系の魔法は、たいてい神々の魔法だということだ。

ギリシア神話や北欧神話、ヒンドゥー神話の神々は、いとも簡単に、自分や他人の姿を自在に変化させてしまう。だが、人間の術者（魔法使い）で、そのような変化系の魔法を使えるものは、そう多くはない。

自他を「変身」させる効果の魔法を使いこなす魔法使いマーリン（140ページ）や、魔女キルケー（152ページ）にしても、前者は悪魔の血を、後者は神の血を引いている、人間ならざる存在なのである。

❋人間の深層心理に刻みこまれた変身願望

いっぽう、本書で扱っている変化系のアイテムは、姿をアザラシに変える衣（180ページ）や、描いたものが実体化する筆（184ページ）など、バラエティに富んでいる。

とはいえ、それでも、飲むと動物や怪物に変身できる薬、といったようなアイテムはあまり存在していないようだ。

魔女がサバト（集会）の前に体に塗る「魔女の軟膏」（174ページ）は、一説には、塗ると動物に変身できるともいわれている。だが、実際には、動物になったような気になる幻覚剤や興奮剤の一種であろう。

やはりこのことからも、「変身」は、神（ないしは悪魔）の力であることがうかがい知れる。

それでも人間は、太古の昔から現代に至るまで、「変身」というものにあこがれを抱き続けてきた。きっと人間の深層心理には、自分以外のものに変化したいという変身願望が隠されているのだろう。

もちろん、それは現実にはかなわぬ夢だ。アルコールや薬の力を借りて、一瞬、他人になったような気になっても、いずれ夢はさめる。シンデレラにかけられた魔法も夜中の十二時には解けてしまうように……。

しかし、かなわぬ夢だからこそ、シンデレラの物語が永遠に語り継がれ、人びとのあこがれをかきたて続けているのも事実なのである。

女性を射止める際に発揮される特異な能力

ゼウスの変身術

MAGIC

あまたの神々が登場するギリシァ神話中、とくに高い地位にあるのがオリュンポス十二神。ゼウスはその頂点に君臨する神々の王であり、抜きん出た力をもっている。ホメロスの詩のなかで「神と人の父」と呼ばれたゼウスは、弱者を守護し、悪を罰する正義と慈悲の神として知られる。しかしいっぽうでは、次つぎと女性と交わっては子を成し、しかもその不貞を、嫉妬深い正妻ヘラに知られまいとしてあらゆる手段を講じる、好色かつ恐妻家の一面ももっている。

そして、女神、人間、ニンフ（精霊や妖精）を問わず、これぞと思った女性を射止める際に発揮されるのが、ゼウスの変身能力なのだ。

交わるためなら、牡牛にもなる最高神

そんなゼウスの多彩な女性遍歴、変身遍歴のなかから、代表的なエピソードをいくつかとりあげると――。

◀浮気をくり返すゼウスは、そのたびに妻ヘラの怒りを買う

あるとき、フェニキアの王女エウロペに一目ぼれしたゼウスは、白い牡牛に姿を変え、侍女と野の花を摘んでいた王女に近づいた。牡牛の優雅な姿に心惹かれたエウロペが背中にまたがると、牡牛は彼女を乗せたまま、ものすごい勢いで走りだし、海を渡ってギリシァの沖合のクレタ島にたどり着いた。エウロペはそこで本来の姿に戻ったゼウスを受け入れ、ふたりの間には三人の息子が生まれた。そのひとりが後のクレタ王・ミノスである。

相手が人妻であろうといっさい躊躇《ちゅうちょ》しないのも、ゼウスならではだ。スパルタ王の妻レダに恋をした際には、白鳥に変身してレダに近づいた。目の前で白鳥が鷲《わし》に追い回されているのを目にしたレダは、自分の腕を広げて白鳥を呼びこんだ。これ幸いとばかりにその腕に飛びこむゼウス。レダはやがて二個の卵を産み、その卵から兄弟、姉妹の二組の双子が生まれた。ちなみにこのとき生まれたひとりが、後にトロイア戦争の原因にもなった美女ヘレネである。

いっぽう、アルゴス国王アクリシオスの娘、ダナエを誘惑したときのゼウスは、黄金の雨に変身している。というのも、「ダナエの生む男児が汝《なんじ》に死をもたらす」と予言された父アクリシオスは、娘を青銅の塔に閉じこめ、男が近づかないようにしたからだ。しかしこれもゼウスには通用しない。ダナエに目をつけていたゼウスは、塔のすきまから忍びこむために黄金の雨に変身した。そして、ダナエの体に雨のしずくを落として関係をもったのである。

ゼウスは、ヘラに仕える女官だったイオにも手を出している。このときは自身が雲に変身して近づいただけでなく、交わっているふたりの目の前に現われたヘラの目をごまかすために、イオを雌牛に変身させてもいる。

しかしそんな策を弄したところでヘラにはすべてお見通し。雌牛になったイオをゼウスからもらい受け、ことごとくつらく当たり、ついにはアブを放ってイオを追わせた。世界中を逃げまどったイオは、エジプトに逃れたところでようやくヘラに許され、人間に戻ることができたという。

悪癖が転じて、親しみやすいキャラクターに？

こうしたゼウスの女性遍歴は、いっけん高い地位を利用した勝手なふるまいとも思えるのだが、当時の人びとには豊饒《ほうじょう》や子孫繁栄の象徴として受け止められていたようだ。

そして現代の私たちから見れば、ヘラの嫉妬におびえながらも目を盗んで浮気をせずにはいられないゼウスには、色好みのヒーローというよりも、スケベなダメ親父というおよそ神々の王とはかけ離れたイメージがつきまとう。

とはいえ、現実の世界でも女性と浮き名を流しては失敗をくり返す男がなぜかモテたりするように、ゼウスもまた、この病気ともいえる性癖ゆえに、どこか憎めない親しみやすい神として広く受け入れられているのだろう。

悪魔の血を引く大魔術師が操った究極のマジック

マーリンの変身魔法

MAGIC

西洋でもっとも高名な魔術師といえば、アーサー王伝説に登場するマーリンだろう。マーリンという名前は、西洋では、そのまま魔術師の代名詞になっているといっても過言ではない。

この偉大な魔術師の能力のひとつは予言だ。その力で、彼はアーサー王に数かずの助言を行ない、王がブリテン島（イギリス）を統一するのに力を貸した。

そして、もうひとつマーリンの力で忘れてならないのが、変身の魔法である。なんと、アーサー王の誕生に、彼の変身の魔法がかかわっているのだ。

アーサー王誕生秘話にかかわった、変身の魔法

ブリタニア（イギリスの一地方）の王イゼル・ペンドラゴンは、コーンウオール（同じくイギリスの一地方）の貴族の妻であるイグリネと一夜を過ごしたいと願っていた。そこで彼は、魔術師マーリンに相談をする。それに対してマーリンは、変身

◀ マーリンは、いまも異界の幻影城に住んでいるのだろうか？

の魔法によってイゼルをイグリネの夫の姿に変え、イゼルの望みをかなえさせた。この一度だけの不義の交わりの結果、イグリネは妊娠してしまう。こうして生まれたのが、アーサー王なのである。私生児として生まれたアーサーは、マーリンのもとで育てられることとなり、やがてマーリンの助力によって王へとなっていくのだが、この伝説が物語っているように、マーリンの変身の魔法は、他人を思い通りの姿に変身させるという力をもっている。

もちろんマーリンの変身の魔法は、他人だけではなく、自分自身の姿も自在に変えることができた。伝説によればあるときは子ども、あるときは詩人、あるときは賢者、あるときは木こり、さらに女性の姿にまで変身できたという。そこで、王となってからのアーサーは、目的や相手によって、いちばん適した姿に変身できるマーリンを、たびたび重要な使命を帯びた使者として重用するのである。

恋によって命を落とした、偉大なる魔術師

ではマーリンは、その強力な魔法の力をどのようにして得たのだろうか？

一説には、マーリンは、人間の女性が夢魔（インキュバス）に犯されて生まれた子どもであるという。また別の説では、神が聖母マリアにキリストを生ませたのに対抗し、悪魔が人間の女性に生ませたのがマーリンであるともいわれている。

どちらにせよ、人間ならざる者を父とし、その父から強力な魔力を受け継いだマ

ーリンは、生まれたときから邪悪な存在であった。しかし、誕生直後に聖職者から聖水による洗礼を受けたおかげで、魔族の力をもちながらも人間の心をもつようになったのである。

ところで、絶大なる魔力を誇っていたマーリンが命を落とすのも、その人間の心ゆえであった。あるときマーリンは、「湖の乙女」と呼ばれる水の精霊ヴィヴィアンに恋をしてしまい、ヴィヴィアンにいわれるがままに、自分の魔法の秘密をすべて話してしまうのである。そしてその結果、ヴィヴィアンによって異界の幻影城に封じこめられてしまうのだ。以後、二度とマーリンは現世に戻れなくなってしまったという。

しかしこのような最期も、マーリン自身にとっては納得ずくの行動だったのかもしれない。なぜなら、マーリンは封じこめられる前、円卓の騎士のひとりに、「私は偉大な愚か者です。自分を愛する以上に他人を愛し、最愛の人に、私を彼女だけに縛りつける方法を教えました。そしていま、私を自由にできる人はいないのです」と告白しているのだ。あまりに人間らしい、悪魔の子であるといえよう。

ヴィヴィアンがマーリンを封印した理由は、彼を嫌ったからとも、彼と永遠にふたりきりになりたかったからともいわれているが、この高名な魔術師の名誉ためには、後者の理由であったと思いたい。

正義の味方の華麗なる変身

ヴィシュヌの十のアヴァターラ

MAGIC

ヴィシュヌは、シヴァ、ブラフマーと並ぶヒンドゥー神話の三大神で、世界の維持や繁栄を司る神である。また、善が常に悪に勝つように見張るという役割も担っている。ちなみに、この三大神はもともとはひとつの神であり、そのときどきの役割に応じて三つの神として現われるとする三神一体（トリムルティ）説がよく知られている。

　ヴィシュヌは若くて美しい青年として描かれることが多く、四本の腕があり、右手にはチャクラ（円盤または輪の形をした投擲《とうてき》武器）と棍棒を、左手には法螺貝《ほらがい》と蓮《れん》華《げ》を持っている。

巨大魚から小人まで、多彩に変身する

　この神の最大の特徴は、世界の秩序がおびやかされそうになったとき、さまざまな姿に変身して地上に降り立ち、悪と戦ってその秩序を回復し、人びとを困窮から

◀ヴィシュヌとは「行きわたる」という意味である

救うといわれていることだ。

実際、ヴィシュヌはヒンドゥー神話のなかで、数多くの変身を見せている。なかでもとくに有名なのが、十のアヴァターラ（化身）として今日まで伝えられているもの。その多彩な変身ぶりを紹介すると——

マツヤ……大洪水の際に、人類の始祖といわれるマヌの前に現われた巨大な魚。マツヤは「七日後に全世界は水没する」と予言し、船にあらゆる種子と七人の聖者を乗せるように助言。マヌはこれに従い、難を逃れることができた。

クールマ……神々が不死の霊薬アムリタを得るために大海を攪拌《かくはん》した際、大海に飛びこんでその作業を助けた巨大な亀。

ヴァラーハ……悪魔が大海の底に沈めた大地を、その牙で持ちあげた猪《いのしし》。

ナラシンハ……悪魔ヒラニヤカンプを退治した人獅子（半人半獅子姿の生物）。

ヴァーマナ……強大な権限を与えられて無敵となった魔王バリによって世界が支配された際に現われ、バリから世界を奪還した小人。バリから、三歩歩いた広さの土地を譲り受ける約束をとりつけた後に巨大化し、世界を二歩で歩き、三歩目でバリの頭を踏みつけた。

伝説の英雄やブッダにも変身する

後半は人間に変身したヴィシュヌのラインナップだ。

パラシューマ……神々にも人間にも圧政を敷いた、カールタヴィーリヤ王を滅ぼした、斧を持つ戦士。

ラーマ……羅刹王ラーヴァナをはじめとする、多くの悪魔を討伐したといわれるインドの国民的英雄で、叙事詩『ラーマーヤナ』の主人公。

クリシュナ……幼いときから怪力の持ち主であり、女性を虜《とりこ》にする美貌も兼ね備えた遊牧民ヴリシュニ族の英雄。悪鬼や暴君を次つぎとうち破り、その活躍ぶりは叙事詩『マハーバーラタ』に描かれている。

ブッダ……周知の通り、仏教の開祖である仏陀（釈迦如来）のこと。ヴィシュヌの変身の目的は、神々を苦しめるアスラ族に、誤った教義である仏教を広め、偉大な聖典ヴェーダを捨てさせるため。その結果、彼らは異端者となり、罪深い者として相応の罰を受けることになった。

カルキ……カリ・ユガ（末世）の世に出現し、すべての悪を滅ぼす白馬に乗った救世主。十のアヴァターラのなかで唯一、実際にはまだ現われていない未来形の化身。いわば変身予告のようなものだ。

以上が十のアヴァターラで、その姿は神や英雄から巨大魚や小人までバラエティに富んでいる。

このエンターテインメント性が、ヴィシュヌに、偉大だけれど親しみやすい正義の味方という印象を与えているのだろう。

MAGIC

ディオニュソスの黄金の力

「過ぎたるはおよばざるが如し」の典型的魔法

黄金では、飢えも喉《のど》の渇きも癒せないという事実

ギリシァ神話に登場するブドウ酒と陶酔の神ディオニュソスは、別名、「牡牛の角のある神」とも呼ばれている。これは、ディオニュソスが魔法の力によって、たびたび牡牛の姿に変身したからだ。

このように、ディオニュソスは自身の姿も変身させる魔法の力をもっているのだが、やはり彼の変化系魔法の逸話のなかでいちばん有名なのは、触れるものをすべて黄金にする力を人間に与えたことだろう。その逸話は、次のようなものだ。

プリギュアの王ミダスが、ディオニュソスの師であり、養父であった老人シレノスに親切にしたことがあった。そのお礼に、ディオニュソスは王に向かって、「お前の望みをなんでも聞いてやろう」と申し出る。そこでミダスは、「自分が触れるものすべてが黄金に変わる力が欲しい」と神に答えた。

それからというもの、ミダスが触れるものはすぐさま黄金に変化するようになっ

▲ 別のほうびを求めるよう、ディオニュソスは忠告したのだが……

たという。小枝も、芝生も、リンゴも、王が触れる先から黄金に変化した。この魔法の力に、貪欲な王は、はじめは大喜びしたが、しばらくしておそろしいことに気がついた。

食事をしようとパンに触っても、喉が渇いて水を飲もうとしても、それらもすべて黄金に変わってしまい、口に入れられないのである。

餓死寸前となったミダスは、この力をなくしてほしいとディオニュソスに訴えた。それに対してディオニュソスは、「パクトロスの河で身を清めれば、黄金の力はなくなるだろう」と教える。言われたとおりにすると、無事、黄金の力はなくなったそうである。

ちなみに、以後パクトロスの河では、砂金が取れるようになったという。

MAGIC

ナルシストの語源を作った、哀しい伝説

ネメシスの呪い

自分の姿に惚れて、やがて花になった美少年の物語

ギリシァ神話には、数かずの美少年が登場するが、その代表的な者はナルキッソスであろう。この少年には、人間の女性のみならず、神や精霊も恋焦がれたという。

そんなナルキッソスに恋をしたひとりに、森の精霊エコーがいる。エコーは女神ヘラの怒りを買って、他人の言葉をくり返すことしかできないようになっていたが、なんとかナルキッソスに近づく機会を得た。しかし彼女にできることはナルキッソスの言葉をくり返すことだけで、自分からは話しかけられない。そして、そんなエコーを退屈に感じたナルキッソスは、彼女を手ひどく見捨ててしまうのである。

ナルキッソスの仕打ちに傷ついたエコーは、やせ衰え、やがて肉体を失って声だけの存在になってしまったといわれている。このようなナルキッソスの女性への冷淡な態度は、エコーに対してだけでなく、たびたびくり返されていることであった。

そんなナルキッソスの傲慢《ごうまん》さに対して、復讐の神ネメシスは、どうせ他人を愛せ

▲ 自己愛のために、身を滅ぼしたナルキッソス

ないなら、自分に恋焦がれるようにしてやろうと呪いをかけることにする。

それからしばらくのち、ナルキッソスが泉をのぞきこむと、そこにひとりの美しい少年の姿が見えた。それは、水面に映ったナルキッソス自身の姿だったのだが、彼はそのことに気づかず、一目惚れしてしまう。

そしてナルキッソスは自分の姿に見とれてしまい、身動きができなくなり、やせ衰えて死んでしまうのである。

ナルキッソスが死んだ泉のほとりには、のちにスイレンの花が、ひっそりと咲いていたという。美少年は花になったのだ。このことから、西洋ではスイレンのことをナルシスと呼んでいる。また自己愛の強い人間をナルシストと呼ぶのは、これが語源である。

美しき魔女のおそろしい物語

キルケーの動物化魔法

MAGIC

孤島に君臨する、魔法使いの女王

キルケーは、ギリシァ神話に登場する美しくもおそろしい魔女だ。太陽神ヘリオスの娘でありながら人間の王と結婚し、その夫を毒殺した後に、アイアイエという島で、多くの獣たちにかしずかれながら、ひとりきりで住んでいたと伝えられる。

その島の獣たちは、みなおとなしく、キルケーに対する態度は、女王に仕える家臣のようであったという。じつはこの獣たち、もとはみんな人間であり、魔女の魔法によって動物に変えられてしまっていたのだ。

英雄オデュッセウスが、部下たちとともにアイアイエ島に上陸したときも、部下たちは全員、キルケーの魔法でブタに変えられてしまう。だがオデュッセウスは、伝令の神ヘルメスの助けを借りてキルケーの魔法を解き、さらにこの魔女と和解する。そしてそれから一年間、キルケーの恋人として、この島に滞在するのである。

敵にするとおそろしい魔女だが、味方にすれば、これほど心強い存在はない。キ

▲ キルケーの伝説の影響を受けた小説が、泉鏡花の『高野聖』だ

ルケーは、オデュッセウスとのあまい生活のなかで、セイレンやスキュラといった怪物のいる危険な海域を無事に通り抜ける方法を、この英雄に親切に教えているのだ。

魔法の歌声で人の心を惑わす怪物セイレンに関しては、別項でくわしく紹介しているので、そちらを参照していただきたい（202ページ）。

さて、ギリシア神話で、人間を動物にする魔法といえば、月の女神アルテミスも、同じような魔法を使っている。アルテミスは、偶然自分の水浴び姿を目撃した狩人を鹿に変え、狩人の連れていた猟犬に噛《か》み殺させているのだ。

キルケーもアルテミスも、強い女性が人間の男を動物に変えてしまうという符合は、なかなかおもしろい。

MAGIC

フレイヤの動物化魔法

奔放な美の女神が、恋人にした残酷な仕打ち

恋人を猪《いのしし》に変え、乗り物にした女神

ギリシァ神話に登場する人間を動物に変える魔法として、魔女キルケーや月の女神アルテミスの魔法を前項で紹介した（152ページ）。

同じような魔法は、北欧神話にも登場する。それは、女神フレイヤが使った魔法だ。

フレイヤは海神ニョルズの娘で、北欧神話の女神たちのなかで、もっとも美しいと称えられている存在である。だが、美しいだけではなく、奔放な性格の持ち主でもあった。なにしろ彼女は主神オーディンの愛人でありながら、ブリーシンガメンという首飾りを手に入れるため、首輪の製作者である四人のみにくい小人たちと床をともにするような女なのである。

それでも、その美しさゆえ崇拝者は絶えず、人間の男たちも彼女の愛を得ようと競ったという。そして、幸運にも彼女の愛を得られた人間の男たちもいたが、恋人に対するフレイヤの仕打ちも、また奔放であった。

▲ フレイヤは、戦いの乙女ワルキューレたちの長でもある

オッタルという人間の戦士が、フレイヤの恋人となったことがある。が、オッタルに対してフレイヤは、恋人をいつでも自分の側に置いておけるよう、彼を猪に変えてしまうのである。

さらに、ときにフレイヤは、猪となったオッタルを自分の乗り物として使ったという。はたしてオッタルが、それでも幸福だったのか、あるいは不幸だったのかは、神話は物語っていない。

キルケーの項（152ページ）でも触れたが、魔力をもった強く美しい女性が、人間の男を動物に変身させ下僕として扱うというのは、世界的に共通するモチーフのようだ。

そこには、サディズム／マゾヒズムへの人間の根本的な欲求が隠れているのかもしれない。

最強戦士団にうち砕かれた魔女の企み

イルナンの怪物化

MAGIC

魔女を殺すのは、戦士にとって不名誉なこと!?

イルナンはケルト神話に登場する魔女だ。この魔女は、アイルランドの伝説的戦士集団であるフィアナ戦士団に戦いを挑んだことでよく知られている。

魔女三姉妹のうちのひとりであったイルナンは、まずフィアナ戦士団を捕らえるために、魔法の網を編んだという。だが、この計画は失敗に終わってしまう。

そこで次にイルナンは、魔法の力によって怪物の姿に変身し、フィアナの戦士たちに戦いを挑んだ。その挑戦を受けてたったのが、フィアナ戦士団の長であり、ク・ホリンと並ぶケルト神話の英雄でもあるフィン・マックールである。

怪物と英雄の戦いは、英雄フィン・マックールが優勢のまま進んだ。

フィアナ戦士団は、入団の際に立ったまま腰まで土中に埋められ、盾《たて》と前腕の長さのハシバミの枝だけでもって、九人の戦士の攻撃を受け、無傷でなければ入団を許されなかったと伝えられている。そんな最強の戦士集団に君臨するフィン・マッ

▲ いかなる策を弄しても、ケルトの英雄には勝てなかった

クールにとって、怪物といえども恐れるような相手ではなかったのだ。
しかしフィン・マックールは、イルナンにとどめを刺す寸前でやめてしまう。なぜなら、たとえ怪物の姿をしていようとも、魔女と戦うというのは戦士にとってあまり栄誉なことではないと考えたからだ。
結局フィン・マックールは、部下で戦士団の一員である戦士ゴルに命令を下し、イルナンを倒させた。そしてそのほうびとして、ゴルはフィンの娘を嫁にしたと言い伝えられている。
やりたくないことを部下に押しつける姿勢はいただけないが、意外とフィンは、そういう人間くさい男である。くわしくは「ディアルミドの愛の印」の項（２０８ページ）も読んでほしい。

シンデレラにかけられた魔法

すべての女性があこがれる、夢のストーリー

MAGIC

1 もっとも有名な、タイムリミットつき変化系魔法

『シンデレラ』、あるいは『灰かぶり』という題で知られている寓話に出てくる魔法こそが、世界でいちばん有名な変化系の魔法であろうか。なにしろこの物語のバリエーションは世界中に数百もあり、中国にすら似たような話が存在しているのだ。

そんなシンデレラ・ストーリーの基本構造は、次のようなものだ。

継母と、その連れ子の姉ふたりにいじめられている少女がいる。あるとき王宮で舞踏会が開かれることになり、継母と姉ふたりは行くことになるが、少女は連れて行ってもらえない。少女が悲しんでいると、魔法使いが現われ（仙女、白鳩などのこともある）、少女を舞踏会に連れて行ってあげようと言う。

ここで、魔法使いが杖で対象物に触れると、その触れたものが次つぎと変化していくという、あの有名な魔法が駆使されるのである。

カボチャは馬車に、ネズミは御者に、トカゲは召使に。そして、少女が着ていた

▲ ガラスの靴をはきたくて、姉たちは自分の足を切りさえした

汚れた服は、美しいドレスに変化する（この物語の重要なアイテムであるガラスの靴だけは、魔法で変化したのではなく、祖母からもらったということになっていることが多い）。

だが魔法使いは、魔法をかけると同時に、少女に向かって「夜の十二時に魔法は解けるので、それまでには帰ってこないといけない」と注意を与える。数多くの魔法のなかでも、明確な時間制限のある魔法というのはめずらしい。

このあと、少女は約束を守って十二時に宮殿から帰るが、そのときにガラスの靴を片方落としてしまい、それがきっかけで王子さまと結ばれるというのは、だれもが知っている結末だ。

できすぎな話だが、だからこそ女性の心をとらえ続けているのだろう。

MAGIC

ハヌマーンの伸縮自在

伸びて縮んで、敵のスキをつく猿神の秘技

時代を超えて新しいキャラクターを生む、永遠のトリックスター

ヒンドゥー神話の風の神ヴァーユの息子ハヌマーンは、空を飛び、姿や大きさを自在に変える能力をもつ猿神である。その名前には「骨をもつ者」の意味があるが、あごが変形した顔で描かれることが多い。一説によれば、ハヌマーンはあるとき、食物とまちがえて空から太陽をとってこようとした。この事態を重くみた戦いの神インドラは、ハヌマーンに向かって稲妻を放ち、そのあごをうち砕いたという。

ハヌマーンの活躍は、叙事詩『ラーマーヤナ』に詳しく記述されている。そこでは猿の王スグリーヴァの使いであり、後にヴィシュヌの化身であるラーマの忠実なる協力者として活躍するのである。

鬼神ラーヴァナに拉致《らち》されたラーマの妻シーターを、ラーマとともに救出に向かったハヌマーンは、シーターが囚《とら》われているランカー島をめざしてひとっ飛びに海を越えようとするが、待ち構えていた怪物スラサにつかまってしまう。この危機を

▲ 怪物スラサをきりきり舞いさせた、猿神の秘技

脱出する際に発揮されたのが、我が身の大きさを自在に変えられるハヌマーンの特殊能力だ。
怪物がハヌマーンを飲みこもうとすると、いっきに体を巨大化させるハヌマーン。相手は口を大きく広げずにはいられない。すかさず親指大に身を縮めたハヌマーンは、敵の頭蓋骨のなかで暴れまわり、これをうち破ったのだ。
このように敏捷で機転はきくが、ときに大失敗もする猿のキャラクターから思い浮かぶものといえば、『西遊記』の孫悟空。孫悟空は、ハヌマーンがモデルともいわれているのだ。
さらに、人気漫画『ドラゴンボール』の主人公は、もちろん孫悟空がベースだ。時空を超えてなお、自在に変身し続けるハヌマーンである。

「性」の力に込められた、古代インドの魔力

太陽神スーリヤの変身

MAGIC

馬に変身して妻と仲直りした、太陽の化身

スーリヤは、ヒンドゥー神話のなかの、もっとも古い神のひとりであり、太陽神である。天の神ディヤウスの息子とも、戦いの神インドラの息子ともいわれている。

この神は、太陽の化身であることから、常に高熱を発しているのが特徴だ。その熱があまりに高温で、彼の妻である女神サンジュニーヤも逃げだしてしまったことがあった。スーリヤは妻を探しに行き、森のなかで美しい牝馬に変身している妻を見つける。だが高熱を発する太陽の化身のままでは、また逃げられてしまう。そこでスーリヤは、自分も牡馬に変身をすることで、サンジュニーヤと和解するのだ。

ちなみに、このときのスーリヤとサンジュニーヤの交わりの結果、双子の神であるアシュヴィン双神が生まれたと言い伝えられている（98ページ）。アシュヴィン双神は、のちに暁の使いとなる。

……それにしても、なにかあるとすぐに交わってしまうのが、ヒンドゥー神話の

▲ 古代インドで信じられた性の力を、シャクティという

神々のクセのようだ。

「性」は、ヒンドゥー神話において、非常に重視される要素である。古代インドには、「性」の力こそが魔力の根源であるという考え方もあり、露骨に性交の姿勢をとる神々の像も数多く残されている。

このような、混沌とした生命力こそが、ヒンドゥー神話の根源にあるものといえるだろう。

ちなみに、馬に変身することでいったんは和解したスーリヤとサンジュニーヤだが、このままではこの先またうまくいかなくなるだろうと考えたサンジュニーヤの父親が、太陽神の熱をけずりとったという神話も残されている。そのけずりとられた熱は、のちに神々の武器になったという。

MAGIC

児《じ》雷《らい》也《や》の蝦《が》蟇《ま》変化

伝説的義賊のいっぷう変わった妖術

ガマガエル、大ヘビ、ナメクジの三すくみの構造

巻物をくわえて呪文を唱えると、ドロロンと煙とともに姿を消す――。そんな忍者のイメージのもととなっているのが、この児雷也である。

児雷也は架空の人物であるが、江戸後期の読み物本や、歌舞伎、浄瑠璃《じょうるり》などで活躍し、以後長年のあいだ庶民に親しまれてきた伝説的な義賊・盗賊だ。

彼の使う忍術（妖術）は、巨大なガマガエルに変身するというものだった（巨大なガマガエルを呼びだして、それに乗るということもある）。児雷也は、この妖術を妙香山に住む仙人から教わったとされている。そして妖術を駆使して、滅亡した主家の再興を図り、困窮する農民を助け、天下転覆をねらうなど、大活躍するのである。

そんな彼の宿敵はヘビの化身である大蛇丸であり、児雷也の妻はナメクジの妖術を収得している少女・綱手（於綱）だ。このガマガエル、ヘビ、ナメクジという三すくみの構造は、古い形のジャンケンの一種である虫拳から取られているのだろう。

▲ ガマガエルは、神秘的な生物と考えられていた

虫拳は、ガマガエルはナメクジに勝ち、ナメクジはヘビに勝ち、ヘビはガマガエルに勝つというしくみだ。

ところで、先に児雷也は虚構の人物であると書いたが、その設定には盗賊・石川五右衛門や、妖術使い・天竺徳兵衛などの人物像が投影されているらしい。が、直接の元ネタとなったのは、中国に伝わる説話「我来也」だ。

これは、盗みに入った家の壁に、必ず「我来也（我、来たるなり）」と書き記したという盗賊の話だ。こちらの我来也は、実在したという説もあるのが興味深い。

日本の児雷也の最初の二文字が中国のものとちがうのは、日本のほうは子どものころに妖怪である雷獣を捕らえたという設定だからである。

ITEM

鷹《たか》の羽《は》衣《ごろも》

身につければ飛行可能になる宝具

変化系のアイテムのなかでも身にまとうだけで装着者が変身できるものは、ひとつの主流をなしている。呪文や儀式が必要なケースもあるが、おおむね装着するだけで変身が完了するため、便利なことこのうえない。

また、変化する対象は動物が中心で、装着者には変化した動物の特性も備わることも多いからありがたい。むしろ、その特性を利用するために変身するといったほうが正しいだろうか。いずれにせよ、神話や伝説世界での定番アイテムであることには変わりがない。

もとは、女神フレイヤの三大宝具のひとつだった

北欧神話の女神フレイヤは、すべての女神のなかでもっとも美しく、愛と豊穣を司る重要な女神でありながら、情欲と破壊を愛すという二面性をもっていた。彼女は魔術をよく使い、炎（一説には黄金）の首飾り、二匹の猫が引く車、鷹の羽衣と

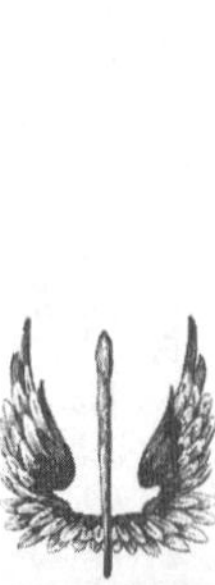

◀ 北欧の道化師が好んでこの羽衣を愛用したという

いう三つの宝具を所持していたという。

炎の首飾りはフレイヤの美しさをより際立てるもので、これを身につけた彼女を見たものはその虜《とりこ》になった。また、二匹の猫が引く車は、彼女が天と地を結ぶ橋を渡るときに使用されたそうだ。ちなみに車につながれていたのはオオヤマネコだったとされている。

そして、鷹の羽衣。これは、その名のとおり装着すると鷹に変身して空を飛ぶことができるものである。しかし、数かずの魔法を身につけているフレイヤは、これを用いなくても変身可能なため、彼女自身が使ったことはなかったという。

では、だれがこの羽衣を使用していたのか。それは、善悪ふたつの性格をあわせもつ火の神ロキである。

霜の巨人スリュムが、雷神トールの大槌《おおづち》ミョルニルを盗んだときのこと。騒然とする神々のなか、ロキは自ら志願して巨人族の国へ飛ぶ。もちろんフレイヤに鷹の羽衣を借りてである。そして、岩山の頂上で思索にふけっているスリュムをよそに、鷹になったロキは大槌を探して飛び、そのありかをつきとめるのだ。

ロキは空を飛ぶ靴を所有していたため、わざわざ羽衣を借りずとも巨人国へ飛ぶことはできたはずだ。ただ、まずスリュムに気づかれずに大槌のありかを探る必要があったため、フレイヤから羽衣を借りたのである。つまり、ここでは羽衣の飛行能力よりも変身能力を求めたのだ。その後、ロキの計略によってフレイヤに変装したトールは、スリュムをうち倒して大槌の奪還に成功することになる。

ロキもたびたび使用した、お気に入りのアイテム

このアイテムをロキが使用していたエピソードは、ほかにもある。たとえば、イズンと黄金のリンゴが奪われた時も、ロキはこの羽衣によって鷹になり、これらを奪還している（117ページ）。

じつはこのロキ、空飛ぶ靴の所有者というだけでなく、フレイヤに劣らぬ変身魔法をもっていたため、羽衣の力を借りなくても飛行も変身できるはずなのだ。にもかかわらず、これをたびたび使っているのだから、よほどお気に入りだったのだろう。

ある時、ロキは鷹の羽衣をまとって巨人族の国を飛び回っていた。彼は巨人族の血をひいていたため、望郷の念にかられたのかもしれないが、とにかくたいした用もなくまた羽衣を借りているのだ。やがてロキは巨人ゲイルロドの屋敷に降りたつが、そこで捕獲される。ロキは、巨人の仇敵トールを丸腰で連れてくると約束することで解放されるのである。その後、トールが巨人を倒したことはいうまでもない。

飛行能力も変身能力も備えていたロキが固執した鷹の羽衣。もしかしたらかなり奇抜なデザインだったのかもしれない。なにしろ彼は北欧神話ではトリックスター、つまり道化役として位置づけられているからだ。道化は奇抜なデザインを好むものである。

ITEM

タルンカッペ

かぶると姿が消える、便利なマント

動物の世界には、カメレオンやある種の虫のように、周囲の色彩に応じて皮膚の色を変化させるものがいる。これは外敵から姿を隠したり、獲物にその存在をさとらせないための身体のしくみである。本当に姿を消しているわけではないが、外敵や獲物から姿が見えないため、彼らにとっては魔法のように感じることだろう。

神話や伝説のなかでも、姿を消す魔法やアイテムはよく登場する。前述した動物の生態にヒントを得たわけではないだろうが、その特性から、大きな力をもつ者を倒す際に使われることが多い。類いまれなる武勇を誇る英雄として知られるジークフリートも姿を消すマントを所有するが、これを用いるのはかなり意外な場面である。

姿が消えるだけでなく、十二人分の力も得る

ライン川下流にあるサンテン城の王子ジークフリートは、ブルグント王グンターの美しい妹・クリムヒルトに求婚するために、わずかな供の者を連れて旅に出るが、

◀ジークフリートは、このマントを小人族から勝ちとった

その道中で小人族のニーベルンゲンと戦うことになる。

彼は小人族の王と数百人の兵士を倒すが、王の従者であったアルベリッヒに思わぬ苦戦を強いられる。アルベリッヒはジークフリートを十分に苦しめるだけの力をもつアイテムを使っていたのだ。それがタルンカッペである。

古代ドイツ語で「姿を消すマント」という意味をもつこのアイテムは、着た者の姿を消すとともに、十二人力を授けるという。数百人の敵を倒したジークフリートからすれば、十二人力の小人を倒すことなどたやすいはずだが、戦いの疲れもあったのか、やっとのことでアルベリッヒを屈服させて、タルンカッペをはじめとする戦利品を手に入れるのである。

女王を押さえつける、ジークフリート

ブルグンドに到着したジークフリートは、王のグンターに大変歓迎されるが、肝心のクリームヒルトへの求婚はできないままに過ごしていた。しかし、あるとき彼はグンターから、イースランド国の女王ブリュンヒルトと結婚のための助力を求められる。ジークフリートはクリームヒルトとの結婚を条件に快諾し、王とともにイースランドに向かう。

女王ブリュンヒルトとの結婚の条件は、彼女と石投げ、槍投げ、幅跳びを競いこれに勝つことであった。強力で知られる女王に勝つのは至難の業であるが、タルン

カッペを用いて姿を消したジークフリートが王の投げた石を遠くへ運ぶといった加勢をしたため、ブリュンヒルトは競技に敗れグンターとの結婚を承諾するのである。

世に知られた英雄のわりに、かなりスケールの小さい策略だが、ジークフリートはこの後、再度タルンカッペをあまり賞賛できない用途で使うことになる。

結婚初夜を迎える際にブリュンヒルトはこれを拒んだため、ジークフリートはタルンカッペを使って姿を消し、強力の女王をグンターのために押さえつけるのである。グンターは無事に事を成しとげ、ジークフリートもクリームヒルトと結婚するのだ。

しかし、策略で得た幸福は長続きしないもの。のちにクリームヒルトの裏切りによって、彼は唯一の弱点である背中を槍で刺され死んでしまう。

ところで現在、光学迷彩という技術が各国で研究されているのをご存知だろうか。これは、対象となる物質の背後の映像を前面に投影したり、特殊な繊維を使って光を後方に迂回させるなどして、実際に姿が消えて見えるもので、いまではある程度実用化のメドが立ってきているという。

さまざまな分野での活用が期待されているが、軍事面でも研究が進んでおり、兵士の衣服や戦車の外装に採用が予定されている。

近い将来、これが軍事技術として完成した場合、兵士の姿を消す戦闘服に与えられる名前は「タルンカッペ」となるにちがいない。

箒《ほうき》にまたがるときの必需品

魔女の軟《なん》膏《こう》

塗るとトランス状態も体験できる、ヤバい薬品

魔女たちが飛行するときに使うアイテムといえば、やはり箒を思い浮かべる人が多いだろう。しかし我々の意に反して、彼女たちは杖、棒、ときにはヤギにまたがって飛行することもあるという。つまり、箒自体は飛行するときの必須アイテムではないのだ。では、なにがそれに該当するか。それは魔女の軟膏、あるいは飛び軟膏と呼ばれるものである。

魔女の軟膏の製造法については諸説さまざまだが、中世ヨーロッパの文献によると、その材料にはヒヨス、マンドラゴラ、トリカブト、ベラドンナ、オランダガラシ、ケシなどの植物や、嬰児《えいじ》の脂肪、コウモリの血などが用いられたという。

これらの材料からつくられた軟膏を、彼女たちは内股に塗ったうえで箒や杖にまたがり、サバト（魔女の集会）が行なわれている場所へ飛んでいったのである。

ところで、この魔女の軟膏、後世の分析によると幻覚性の成分が多く抽出された

▲ 魔女が大鍋で煮こんでいるものは、たいていこの軟膏だ

そうだ。ある学者などは中世の文献をもとに、この軟膏をつくって肌に塗布する実験を行なった結果、被験者はトランス状態に陥って幻視や浮遊感を体験したという。

　考えてみれば、魔女のもともとの役割は、シャーマンとして預言や啓示を行なうことだったわけだから、トランス状態を獲得するために幻覚性物質が用いられていたことは想像に難くない話である。

　いま、私たちはわざわざ魔女の軟膏を使わなくても、飛行機に乗れば世界中どこへでも飛ぶことができる。

　しかし、もしこの軟膏を身体に塗ったならば、ビルの谷間を飛び交うことができるかもしれない。もちろん、法律で処罰される覚悟があればの話だが。

円卓の騎士を守った奇跡のリング

姿を消す指輪

ITEM

回すだけで姿を消すことができる、使い勝手のよいアイテム

装身具のなかでも、指輪はもっとも古い歴史をもつ。そして、一般的にはアクセサリー、身分や権力の象徴、結婚や婚約の証明として、多くの人びとに愛用されてきた。さらに、魔除け、呪術用具としても用いられており、神話や伝説の世界でも定番の魔法アイテムである。

アーサー王伝説に登場する円卓の騎士オウェイン（フランス語ではイヴァン）は、仲間の騎士クノンをやぶった黒騎士と戦って深手を負わせるが、とどめを刺すことはできなかったため、黒騎士を追ってその居城に入る。しかし、城にしかけられたワナにはまり、彼は捕虜同然の身となってしまう。

このときに彼を救ったのが、城の侍女リュネットから譲り受けた「姿を隠す指輪」である。美しい宝石が埋めこまれたこの指輪、ふだんはその効力を発しないが、指輪をまわして宝石を手のひらで握りこむと、装着者の姿が消えるのだ。

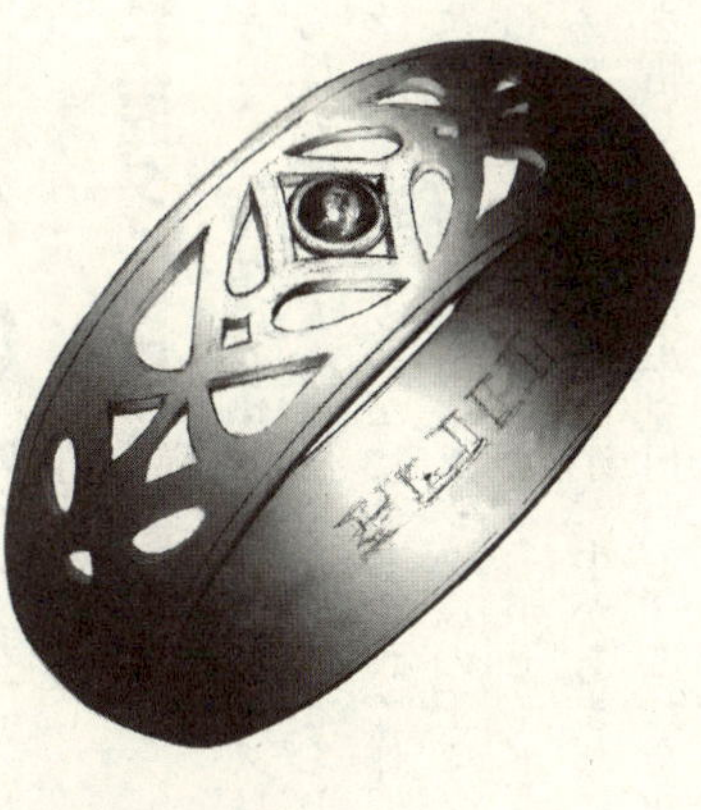

▲ 文献によっては、奇跡の指輪とも呼ばれている

オウェインから受けた傷がもとで黒騎士は死亡するが、これに怒った城の人びとは復讐のために、彼が幽閉されている部屋に押しよせる。しかし、オウェインはこの指輪を使って姿を消していたため、事なきを得るのである。

回すだけで姿を消せるのは、かなり使い勝手のよいアイテムだ。おそらくその力は、埋めこまれた石に宿っている。そして、この石を手に直接触れさせる、つまり握りこむことでその魔力が伝わり身体が透明になるのだろう。

彼はその後、黒騎士の未亡人と結婚するのだが、その際にもうひとつの指輪を手にする。こちらは「忠実の指輪」と呼ばれるもので、誠実に妻を思う限り、装着者は不死の男になるというもので、使い方は同じである。

ITEM

木の牝牛

ミノタウロス誕生のきっかけとなった精巧なレプリカ

工匠ダイダロス謹製の木牛

ギリシァ神話に登場するダイダロスは天才的な工匠で、数多くの発明をした。それらはいずれも人の技を超え、ほとんど神の領域に近づいたものばかりである。彼がクレタ王妃パシパエに命じられて作った木の牝牛もそのひとつだ。

エーゲ海南部にあるクレタ島の王ミノスは、海神ポセイドンに自分の王権を正当化してくれるよう祈願する。ポセイドンはこれを認め、儀式の生贄《いけにえ》用に白い牝牛をミノスのもとに遣わすが、牛があまりにみごとだったためにミノスは生贄にすることを惜しみ、別の牛を用いる。これを知ったポセイドンは怒り、ミノスの妻パシパエが白い牡牛に情欲を抱くようになる呪いをかけてしまう。

牡牛に夢中になったパシパエは、ダイダロスにつくらせた精巧な木の牝牛の中に入って牡牛と交わる。そして誕生したのが、牛頭人身の怪物ミノタウロスなのだ。

神が遣わした白い牡牛が見まごうほどだから、この木の牝牛は相当よいできばえ

▲ クレタ島では、牛は神聖な動物として崇められていた

だったのだろう。そのあまりの精巧さになんらかの力が宿り、パシパエは完全に一匹の牝牛に変化していたのかも知れない。

もともとポセイドンから呪いをかけられていたのだから、なんらかの相乗作用が発生したことも十分考えられる。白い牡牛も相手が木のままでは思うように交接できないだろうから。

その後、ミノスはミノタウロスを閉じこめるために、ダイダロスに迷宮ラビュリントスをつくらせる。

さらに、怪物と迷宮の存在を隠すために、口封じとしてダイダロスと息子イカロスを幽閉するのだ。

ちなみに、ダイダロスがここから脱出するために作ったのが、あのイカロスの翼である。

潜水にぴったりの妖精版ウェットスーツ

セルキーのアザラシの皮

ITEM

かぶるとアザラシになり、脱ぐと人の姿になる

セルキーは、スコットランド北岸にあるシェトランド諸島とオークニー諸島の民間伝承に登場する妖精で、本来は人間の姿をしているが、すみかにしている水中の洞窟に行くときにはアザラシに姿を変えるという。このときに用いるのがそのものズバリ、アザラシの皮なのだ。

妖精なのだから、わざわざ変身しなくてもよさそうだが、アザラシは潜水能力が非常に高く、なかには千五百メートルも潜った記録もあるそうだから、海中のすみかに行くには都合がよいのだろう。また、アザラシは皮下脂肪が厚いため、寒い北洋ではこの皮がウェットスーツの役割もはたしているのではないだろうか。

セルキーたちは男女とも美しい容貌をもっているためか、この地方では彼らの姿に見入られた人間との結婚譚がよく見られる。

あるセルキーの女が人間の姿に戻って海岸で寝ていると、通りかかった男がかた

▲ 夏至の前夜、セルキーたちはこの皮を脱ぎ海岸でダンスする

わらにあったアザラシの皮を隠して結婚を強要する。海に戻ることができない彼女は、あきらめて男との生活をはじめるが、ある日、隠してあった皮を見つけ、これをかぶってアザラシになり、海に戻ってしまう。

　男は、失恋のあまりやせ衰えてやがて死んだという。なにやら、日本民話の『天《あま》の羽衣《はごろも》』をほうふつとさせる話である。

　ちなみに人間の女性が男のセルキーと関係をもつ話もあるが、こちらもやはり長続きしないことが多いようだ。

　人間の女とセルキーのあいだにできた子どもには水かきがあるというから、生まれてくる子どもが将来そのことで虐げられるのを防ぐためにも、妊娠する前に別れるほうがよいだろう。

グルメな妖精の料理に不可欠なアイテム

妖精グロアクの網

ITEM

人間を食用の動物に変えるための道具

伝説や民話の世界では、人びとから畏怖されている魔女や妖精といった存在が、人間を食べる話がしばしば見受けられる。その際には、人間を呪文や儀式などによってなんらかの動物に変えたうえで調理して食べるということも少なくない。受動的な変化であるが、このときに用いられる道具も変化系のアイテムといえるだろう。

フランス・ブルターニュ地方の農民ユアルンは、貧困生活に耐えかねて、恋人ベラの制止も聞かずに富を求める旅に出る。彼は、ローク島の妖精グロアクが世界中のどんな王よりも豊かな暮らしをしているという噂を聞いて、島に渡る。

グロアクの晩餐《ばんさん》に招かれたユアルンはその豪華さに驚くが、調理された魚がもとは人間だったことを知り戦慄する。グロアクは、その富に引き寄せられた男たちを次つぎと食用の動物に変えては食べていたのだ。そしてユアルンも、鋼鉄で編んだグロアクの網をかぶせられ、カエルにされてしまう。

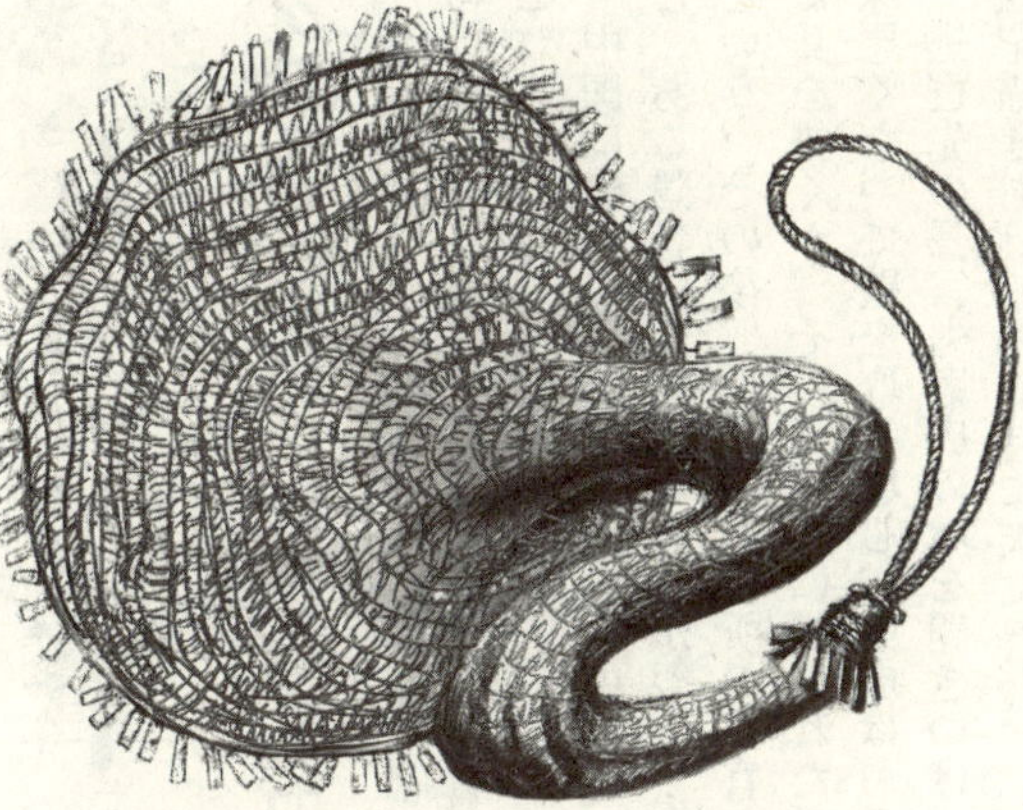

▲ グロアクは逆にこの網をかぶせられ、キノコにされた

美貌をもって男を網で捕えて食べるとは生々しいが、彼女は彼女なりに日々のメニューに頭を痛めていたのかもしれない。というのも、それまでは捕えた男を魚に変えていたが、主人公ユアルンはカエルにさせられている。魚ばかりで飽きたのか、彼になにか特別なものを感じたのかはわからないが、彼女の網が意のままに対象物を変化させられるというのは興味深い。

結局、ユアルンは恋人のベラに救出され、グロアクはベラの妙案によってキノコに変えられてしまい、ふたりは無事故郷に戻り結婚するのである。

ちなみに日本ではなじみが薄いが、フランス料理ではカエルはけっこう高級な食材だそうだ。なかなかグルメな妖精である。

ITEM

五色の筆

描いたものに生命が宿り、動きだす恐怖

無生物を生物に変化させる力

変化系アイテムの効果はじつに多彩である。なにも人や神といった生命をもつものばかりでなく、生命をもたない物質を「変化」させて別のものとして生みだす。これもりっぱな変化系アイテムのひとつといえる。

中国は唐のころ、泰山《たいざん》という中国随一の霊峰で廉広《れんこう》という男が薬草を採っていると、ある隠者に五色の筆を授かった。思ったままに絵を描けば、必ずご利益があるという。その後、彼はある役所の長官の命令で、進撃する百人の兵とこれを迎撃する兵を描くが、その晩、壁に描かれた兵が出撃してたがいに戦い始めた。長官は気味悪くなって壁を取り壊し、廉広はおそろしくなって逃げだしてしまった。

逃亡先の長官も廉広の噂を聞きつけ、龍を描くよう彼に命じるが、絵の中の龍は絵を描きあげると同時に天に昇っていった。妖術使いの疑いをかけられた廉広は、長官に投獄されるが、彼は大きな鳥を描くとこれに乗り脱出し、泰山に降り立つ。

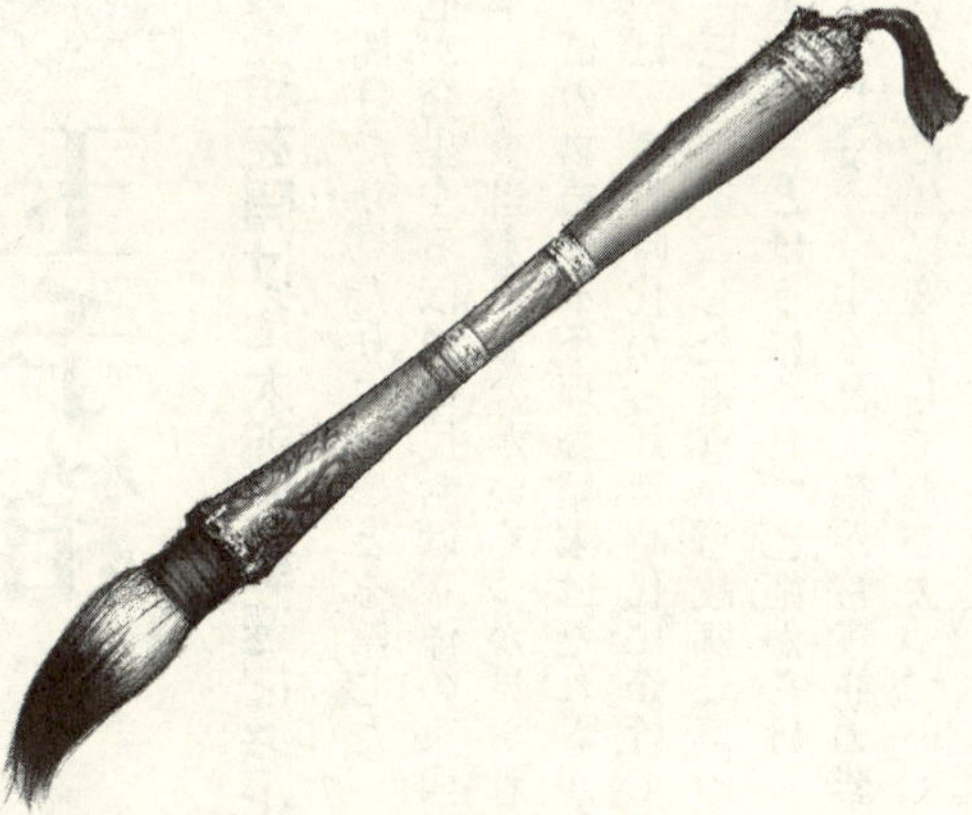

▲ 絵ではなく、名文を書ける五色の筆も存在したという

ここで廉広は再度、隠者に出会うがその忠告を守らなかったことを怒られ、筆を取りあげられてしまうのである。

しかし、廉広にそこまで非があるのだろうか。権力者の機嫌を損ねて処罰されるよりは、命じられるままに絵を描くほうがよいはずだ。

この筆は使いようによっては天下を取ることも可能だろうから、厳しい自制が必要なのもわかる。ただ、それならば、思いのままに描くのではなく、人のためになるように描けというべきではないか。

おそらく、隠者は廉広が五色の筆を悪用することはないだろうと見なし、彼に授けたのであろう。廉広が思いのままに描く絵はどのようなものだったのか。見てみたいものだ。

浦島太郎が竜宮城からもち帰った変身アイテム

玉手箱

ITEM

箱を開けた太郎は急速に老化し、鶴に変身した

開けたり見たりすることを禁じた、いわゆる「見るなの禁忌《きんき》」を破ったために災厄が発生する伝説や民話は、洋の東西を問わず数多く伝えられている。もちろん日本にも該当するものがいくつか見られるが、その代表作は『浦島太郎』だろう。

この物語の不条理な結末はだれもが知るところだが、今日伝わっている物語の原型は、室町時代から江戸時代にかけて成立した『御伽草子《おとぎぞうし》』に見られる。

三年間過ごした竜宮から故郷に戻った太郎は、そこが数百年後の世界であることを知り、とほうにくれて乙姫《おとひめ》からけっして開けるなと忠告されていた、玉手箱を開けてしまう。すると、箱から三筋の紫雲が立ちのぼり、またたく間に老化した太郎はさらに鶴に変化して飛び去っていくというものだ。

この玉手箱、老人になったり、鶴になったりとなにやらありがた迷惑な変身アイテムであるが、好意的に考えれば、乙姫のある種の思いやりが込められたものだと

▲ある伝承では、玉手箱の中に乙姫が宝珠を削って入れたとも

もいえる。

　つまり乙姫は、数百年後の世界に戻った太郎が悲しむことをあわれみ、玉手箱を渡したのだ。人間の身寄りがまったくいないのならば、いっそのこと鶴に姿を変え、その群れに加わり余生を過ごすほうが孤独にさいなまれないと考えたのではないか。

　そういえば鶴は、亀と並んで長寿とされる生物である。乙姫はせめてその余生を少しでも長いものにしようとしたのだろう。

　また玉手箱は、一種の生命維持装置ともいえる。竜宮の三年間が地上の数百年に該当するいうことは、時間の流れに大きな差があることを意味する。これを埋め、地上に戻った太郎の若さを保つ機能も玉手箱はもっていたのだ。

ANOTHER MAGIC & ITEM

いまも生きる？ 魔法の秘薬

古来の魔術のアイテムには、現代でも形を変えて使用されているものがある。

魔女の軟膏の材料にもなっているベラドンナは、麻痺作用のあるアルカロイド系の毒物だ。しかし、麻薬のアヘンも麻酔薬として医療に使われるように、ベラドンナも医薬品の材料にされることがあり、普通のカゼ薬にも微量ながら入っている。

大麻などの幻覚剤を使用した魔法使いや祈禱師は多いが、現在もお香に使われる香料には、人体には無害で、実際に鎮静効果のあるものも少なくない。

ヨーロッパでは18世紀ごろまで、水晶や瑠璃《るり》（ラピスラズリ）などの宝石を治療に用いて効果があるとされた例も記録されている。もっとも、効果があると信じていたら自力で治ってしまった、「プラセボ効果」だった可能性も否定はできないが。

LEGEND Ⅳ

操作系の魔法とアイテム

禁断の香りと人間のあくなき支配欲が漂う操作系魔法

悪魔を呼び出して働かせる、他人を自分の思いどおりに操る。そんな操作系魔法には、どこか人が神の領域を犯すような、禁断の香りが漂う。

❁操作系魔法の使役効果と精神効果

この章で扱う操作系の魔法とアイテムには、大きく分けて二種類のものがある。

ひとつは、なんらかの対象に命令を下し、使役する――つまり、体を操作する魔法。そしてもうひとつは、他人の精神を直接操作する魔法である。

前者の使役効果の魔法は、悪魔や鬼神といった超自然的存在を召喚し、己の目的のために働かせるというのがおもなものだ。

だが、なかには死体を操る、ないしは死者の霊を呼びだすといったものも含まれている。

その使役効果魔法の代表的なものが、「ソロモンの悪魔使役」（194ページ）であり、「安倍晴明の式神」（198ページ）だ。また、アラジンの「魔法のランプ」（226ページ）などのアイテムも、ここに入る。

それから、後者の精神効果の魔法には、他人を眠らせる、狂気に陥らせる、幻覚を見せるといったものがある。

具体的には、ギリシア神話に登場する魔女「メディアの眠りの魔法」（206ページ）や、「果心居士の幻術」（222ページ）、また、西洋黒魔術のアイテムである「栄光の手」（240ページ）などがある。

人間にとって、自分以外の存在を思うがままに操るということは、非常に心地よいものだ。だれしもが、その力を得ることにあこがれを覚えるのだろう。

それゆえ、操作系の魔法は、さまざまな時代、さまざまな地域に見受けられる。

もちろん、そんな人間の支配欲、征服欲といったものは、現代においてもなくなってはいない。

現代における、そのひとつの方向としては、機械の操作（それは自動車の運転から、はてはロボットまで）という形で表われ、もうひとつの方向としては、心理学の流行（その背後には、他人の心を読みとり、あわよくば自在に操ろうという欲求がある）という形で表われているのだろう。

それが、古代〜中世においては、「魔法」という形をとっているのである。

使うのは神ではなく人間

ところで、操作系魔法でおもしろいのは、この魔法を使うのは、基本的には神々ではなく、人間であるということだ。

意外なほどに、神話のなかの神々は、操作系の魔法を使わないのである。ことに、使役効果の操作系魔法は、ほとんどといっていいほど使わない。

それは、なぜだろうか？

考えてみれば簡単なことだが、神々にとっては人間こそが、自分たちが作りあげた創造物で、いくらでも命令を下すことのできる対象だからである。わざわざ、魔法という手順を踏む必要はないのだ。

そういう意味で、操作系の魔法は、人間が神々のまねをし、神々のようにふるまうための魔法であるといえよう。

それゆえだろうか、操作系の魔法には、つねに、どこか禁断の香りと不遜《ふそん》な気配が漂っている。

史上最高の魔道王が操る悪魔

ソロモンの悪魔使役

MAGIC

ソロモンは実在した人物で、紀元前十世紀ごろの古代イスラエルの王である。父であるダビデ王亡き後、王位を継いだソロモンは、エジプトやフェニキアと同盟を結ぶことで地域の安定を図り、内政面でも卓越した手腕を発揮して、古代イスラエルを強国にした英明なる君主といわれている。

だがソロモンには、そんなすぐれた王としての顔のほかに、伝説に包まれたもうひとつの顔がある。それは、悪魔を自在に操る史上最高の魔道王としての顔だ。

悪魔を支配することで天国の秘密を知ったソロモン王

ソロモンが自在に操ったとされる悪魔には有名なものが多い。なかでももっとも強力な悪魔は、蝿《はえ》の王とも、悪魔の王とも呼ばれるベルゼブブだろう。

ソロモンの魔法によって召喚されたベルゼブブは、捕らえられ、魔道王に服従を誓わされたという。そして、ソロモンから「すべての悪魔を出してみろ」と命じら

◀ 伝説では、ソロモン王は72の悪魔を駆使したといわれる

れ、それに従ったといわれている。また、ソロモンに「自由にしてほしければ、天国の秘密を教えろ」と迫られ、しぶしぶ天国の秘密を教えたが、王はその内容を信じず、ベルゼブブの身柄を解放しなかったともいわれている。

悪魔のなかでも最高位にあるとされるベルゼブブを、これほどまでに屈服させ、自在に操っていることからも、ソロモンの魔力の強大さは容易にうかがい知れる。

ベルゼブブのほかにソロモンが使役した悪魔には、破壊と復讐の悪魔であり、七十二の悪魔軍団の統率者でもあるアスモデウスもいる。アスモデウスはソロモン王の王位を奪おうと画策したのだが、逆に王によって鉄《てつ》かせをはめられ捕らえられてしまい、エルサレム宮殿を建築させられたとの伝説が残されている。

堕落した力天使で悪徳を愛する者と呼ばれたベリアルも、ソロモンに使役された悪魔のひとりだ。この悪魔もソロモンの魔法の力によって支配され、さまざまな労働に使われ、また時によっては王の前で踊らされたという。あるいは別の言い伝えでは、ベリアルと彼の配下にあった五十二万二千二百八十人の悪魔たちは、全員まとめて、ソロモンによって小さなビンに封じ込められてしまったとも言い伝えられている。

では、なぜソロモンは、ここまで自在に悪魔を操作することができたのか？

一説にはソロモン王は、大天使ミカエルから刻印の入った魔法の指輪を授かり、その力によって悪魔を自在に操ったといわれている。のちに「ソロモンの指輪」と呼ばれるようになるこのリングは、悪魔のみならず天使を操ることもでき、指輪を持つ者は神、悪魔、人間すべてに対して、絶対的な権力をもつことができるのだという。

悪魔アスモデウスはこの魔法の指輪を奪おうとし、一度は成功するが、結局、指輪をとり戻したソロモンによって壺の中に封印されたという伝説も存在している。

ソロモンは、天使ラジエルの書で魔法を学んだ？

しかしソロモンの悪魔使役の力の源泉を、指輪にみない説もある。そちらの説では、ソロモンは「天使ラジエルの書」と呼ばれる、宇宙の秘密を書き記した書物を持っており、この書物から魔法を学んだともいわれているのだ（298ページ）。

どちらにせよ、ソロモンが悪魔に対して絶大な支配力をもっていたとされていることにかわりはない。もっとも現代の視点から見ると、あまりに自在に悪魔を操るソロモンは、悪魔という存在に近づきすぎ、ソロモン王自身が悪魔めいて見えないこともないのだが……。

実際、中世以降ヨーロッパで流布した、悪魔を召喚する秘術が書かれたとされる書物や、魔道書の大半は、ソロモンの著作とされている。もちろんそれらは後世の偽書で、実際にソロモンが書いたものではない。だがそれだけ、悪魔使いとしてのソロモン王の威光は燦然《さんぜん》と輝き続けていたのである。

平安京を駆け抜けた、最強陰陽師《おんみょうじ》の妙技

安《あ》倍《べの》晴《せい》明《めい》の式神

MAGIC

日本史上、最高の魔術師は？　という問いかけには、ふたりの人物の名が挙がるだろう。ひとりは役《えんの》小角《おづの》（２２４ページ）、そしてもうひとりは、この安倍晴明だ。

安倍晴明――。平安時代に実在した陰陽師である。伝承によれば晴明は、九二一年に生まれ、一〇〇五年に没したとされている。だが実際のところ、正確な生没年も生誕地も定かではない。一説には、人間の父と白狐の母のあいだに生まれたともいわれているが、もちろんこれは伝説であろう。

幼くして高名な陰陽師の弟子となった晴明は、すぐに頭角を現わし、数かずの手柄を立てる。その逸話を紹介する前に、簡単に陰陽師というものについて説明したい。

草の葉でカエルをつぶし、他人の式神も操る

陰陽師とは、中国から六世紀初期に日本に伝わってきた、陰陽道と呼ばれる技術を使いこなす者のことである。この陰陽道は本来、天文を観察し、暦を作るための

◀明治時代まで、朝廷では陰陽師という役職が存在した

技術であった。奈良時代以降、陰陽師は朝廷の正式な官職ともなっている。そして、暦を作るということは、ある意味、将来を知ることにも通じるから、陰陽道には占いという側面も色濃い。

しかしそれよりも、われわれの思い浮かべる陰陽師のイメージといえば、やはり式神と呼ばれる一種の鬼神を自在に操る術者の姿だろう。式神の「式」は、「識」とも、「式鬼」とも書き、これを操ることを一般には「式を飛ばす」とか「式を打つ」という。

そう、そして安倍晴明こそが、この式神を操ることにおいて陰陽道の歴史上、並ぶ者のいない最高の術者なのである。

晴明が式神を操った逸話は、数えきれないほどある。

たとえば、あるとき晴明に「あなたは式神を使って、簡単に人を殺せるそうだが、一度見せてほしい」と頼む者がいた。晴明は、「人を殺して見せるわけにはいかないが」と言いながら、そばに生えていた草の葉を数枚摘みとると、呪文をかけ、庭で跳ねていた五、六匹のカエルに投げつけて見せた。すると、その葉が背中に乗った瞬間、カエルはつぶれてしまったという。

またあるとき、晴明の屋敷に童子をふたり連れた老僧が訪れ、「陰陽道を教えてほしい」と頼んできた。じつはこの老僧も陰陽師で、晴明の力を試しにきたのである。そのことに気づいた晴明は、袖《そで》の中で印を結んで呪文をとなえ、なに食わぬ顔で老僧に「本日は忙しいので、明日また来てほしい」と伝えた。そこで老僧が帰ろうとすると、いつの間にかふたりの童子の姿が見えなくなっている。童子は老僧の操る式神だったのだ。老僧は、「自分の式神ならともかく、他人の式神を操れるとはおそろしい」と青ざめ、晴明に詫びを入れたという。

ほかにもまだまだ晴明の式神に関する逸話は多いのだが、そのなかでも最大のものは、宿敵である陰陽師・蘆屋道満《あしやどうまん》との戦いであろうか。それは、こんな話である。

壮絶な式神合戦は、晴明の勝利で幕を閉じる

陰陽師・蘆屋道満は、左大臣・藤原顕光に依頼され、関白・藤原道長を式神を使って呪殺しようとする。身辺に危機を察知した道長が安倍晴明に相談すると、晴明は占いによって道満の企みを看破し、地中に埋められていた黄色い紙（式神）を掘り起こして、呪殺を未然に防ぐことに成功する。

さらに晴明は、懐から一枚の紙を取りだすと、術をかけて空へ投げた。すると紙は一羽の白鷺《しらさぎ》に姿を変え、南の空へと飛んでいった。飛んでいった先が道満の屋敷であり、道長の手勢は晴明の導きによって道満を捕らえたと言い伝えられている。

ちなみに晴明は、十二神将と呼ばれる十二の式神を操っていたといわれている。ふだんは、その十二神将を京都の一条戻橋のたもとに封印していたという。もしかしたら、いまも橋のたもとには晴明の式神たちが眠っているかもしれない。

MAGIC

歴戦の勇士を狂わせる怪鳥の声

セイレンの歌

どんなに強固な防具で身を守っていようとも、どんなに堅牢な城の奥に隠れていようとも、精神を直接操る魔法に対しては、人間は無防備なものだ。そんな人の心を操作する魔法のなかで、もっとも有名なのは、ギリシァ神話に登場する怪物、セイレンの魔法の歌声だろう。

人びとを海に引きずりこむ、魔法の歌

セイレンは海の精霊であり、シチリア島近くの小島に住んでいたとされている。その姿については諸説あるが、美しい女性の姿をしているとも、上半身が人間の女性、下半身が鳥の姿をしているとも言い伝えられている。

このセイレンは、船乗りたちにとても恐れられていた。セイレンの魔法の歌声を耳にした者は、心を奪われ、怪物のいいなりになってしまうからである。セイレンの歌を聴いたある者は、我を忘れて海に飛びこんでしまい溺死したという。またあ

◀ 警笛を意味する siren は、セイレンからきている

る者は、ふらふらと船をセイレンの住む島に着岸させてしまい、そのまま上陸して、この怪物に食われて骨までしゃぶられてしまったともいう。

そのため船乗りたちは、けっしてセイレンの住む島には近づこうとはしなかったそうだ。それでも、嵐で船が難破したり、誤って島の近海に迷いこんでしまったりして、セイレンの犠牲になる者は絶えなかったのである。

聴く者すべてを虜《とりこ》にするセイレンの魔法の歌声であったが、この魔法から逃れられた幸運な航海者たちも、何人かはいる。そのひとりが、ギリシァ神話の英雄オデュッセウスだ。

オデュッセウスの蝋《ろう》、オルペウスの竪琴《たてごと》

オデュッセウスは、トロイア戦争で、ギリシァ側を勝利に導いた英雄である。

そのオデュッセウスが、戦争から帰国する航海途中でセイレンの住む島の近くを通らなければならなくなったときのことだ。彼は部下である船員たちの耳に蝋を詰めて、怪物の歌声が聴こえないようにした。そして、自分だけは蝋を詰めず、帆柱に縄で体を縛りつけ、「船がセイレンの島を通りすぎるまでは、私がなにをしようと、なにを言おうと、絶対に縄を解いてはいけない」と部下に命じたのである。

船がセイレンの島に近づいていくと、海は静かになり、どこからともなく歌声が聴こえてきた。歌声があまりに美しく魅惑的だったので、オデュッセウスは身をよ

じって縄を抜けようとし、部下たちにも縄を解くように命じた。だが、彼の部下たちは最初の命令を守って、さらに彼の体を強く縄で縛りつけたのである。

そうしているうちに、いつのまにか歌声は小さくなっていき、船は無事、セイレンの島を通り抜けていたという。

ちなみに、オデュッセウスに部下の耳に蝋を詰めるよう進言したのは、人びとを動物に変身させる魔法を使う、魔女キルケー（152ページ）であった。どうせなら部下だけでなく、オデュッセウスの耳にも蝋を詰めればよかったような気もするが、オデュッセウスがセイレンの歌で狂いはじめ、それが治まっていく姿を見ることで、部下たちは危険な海域に近づいたことと、そこを通りすぎたことを知るという意味があったのかもしれない。

それからもうひとり、セイレンの魔法の歌声から逃れた者がいる。竪琴の名手として知られるオルペウスだ。オルペウスは、竪琴の音色でセイレンの歌声に対抗し、彼の乗った船を怪物の魔法から守ったと言い伝えられている。彼は、その竪琴によって、地獄の番犬ケルベロスですら魅了したという伝説が残されているぐらいだから、セイレンの歌声に勝利したのも、当然であったのだろう。

オルペウスは、芸術の女神ムーサの息子であるともいわれる。そしてセイレンは、もとは女神だったのがムーサと歌で競いあい、負けたことで怪物にされたともいう。そういう意味では、セイレンは母子二代にわたり敗れ去ったということになる。

MAGIC

メディアの眠りの魔法

けっして眠らない竜を眠らせた強力な魔力

魔女ならではの残酷な復讐劇

メディアは、ギリシア神話に登場する魔女である。コルキスの王アイエテスの娘で、名前の意味は「狡猾《こうかつ》な者」だ。そのような名前の魔女だと、単純に悪い魔法使いのように思うかもしれないが、そうではない。彼女は、善いことにも、悪いことにも魔法を使う魔女であった。

彼女の使った善い魔法のひとつは、英雄イアソンのために使った眠りの魔法だろう。あるとき、コルキスの地にイアソンという若き王子が訪ねてくる。彼の目的は、この地に隠された宝物、黄金の羊毛（２９４ページ）を手に入れることだった。それが、イアソンが王位を継承する条件だったのだ。だが黄金の羊毛は、眠らない竜に守られており、これまでだれひとりとして、宝物に近づいた者はいなかった。

イアソンは困りはてたが、彼に恋心を抱いたメディアは、魔法の力によって竜を眠らせることを決意する。それは父や祖国を裏切ることであったが、恋に落ちた彼

▲ メディアは、老いた牡羊を鍋で煮て若返らせたこともある

女には、たいした問題ではなかった。
　メディアの助けによってイアソンは無事に黄金の羊毛を手に入れ、彼女と結婚。それから十数年、メディアとイアソンのあいだには三人の子どもが生まれ、結婚生活は平和に続いていた。
　だがイアソンとの結婚生活が破綻したとき、彼女は残酷な魔女となる。イアソンに有利な結婚話が持ちあがり、彼がメディアを捨てるというのだ。嫉《しっ》妬《と》に怒り狂ったメディアは、毒を塗った花嫁衣裳を新婦に送って焼き殺したあげく、イアソンと自分のあいだに生まれていた子どもまで殺してしまう。
　祖国まで捨てたメディアにとっては当然の復讐であろうが、やはり女の嫉妬はこわい。それが魔女なら、なおさらである。

自分を愛してくれる者に支配されてしまう魔法

ディアルミドの愛の印

MAGIC

魔力に囚《とら》われ、英雄の婚約者と駆け落ち

普通、愛の魔法といえば、相手に自分を愛させる魔法のことだろう。さらにいえば、愛させることによって、相手を思うがままに操る魔法のことである。

だがここで紹介するのは、その反対、自分を愛してくれる者に逆らえなくなってしまうという、非常にやっかいな魔法の力をもってしまった男の話だ。その男は、ケルト神話に登場するディアルミドという戦士である。

ディアルミドが、仲間たちと狩りをしていたときのことだ。森のなかの一軒の小屋に辿りついたディアルミドは、その小屋に住む若い娘と一夜をともにする。そしてそのとき、ユフと名乗った娘によって、額に愛の印をつけられてしまうのである。

この愛の印は、愛斑《あいはん》と呼ばれるもので、ひとたびつけられると、以後、多くの女性が彼を愛するようになるが、同時に、ディアルミドのことを愛してくる女性たちに、彼がまったく逆らえなくなってしまうというものであった。

▲ 逃れられない愛の刻印を押されたディアルミド

これ以降ディアルミドの人生は、女性たちとの恋愛によって波乱に満ちたものになってしまう。そのなかでももっとも悲惨なのが、ケルト神話最大の英雄、フィン・マックールの婚約者グラーネに愛されてしまったことだ。

ディアルミドは、フィンの部下であり、彼を尊敬していたから、はじめはグラーネの求愛を断わろうとした。しかし、愛班の魔力には逆らえない。

結局、ディアルミドはグラーネと駆け落ちするはめになり、それから十六年間、逃亡生活を続けることになる。そして最後にはフィンの策略で、毒の牙をもった猪《いのしし》に殺されるのである。

この魔法、異性にもてたいと思っている人には魅力的かもしれないが、やはり面倒な魔法というほかない。

MAGIC

眠れる森の美女の百年の眠り

城ごと眠らせてしまう強力な魔法

だれをパーティーに呼ぶかは、気を遣うもの

『眠れる森の美女』は、『眠り姫』や『茨姫《いばら》』の名でもよく知られる、古くからヨーロッパに伝わる民話だ。グリム版やペロー版など、さまざまなパターンがあるが、〈お姫さまが魔法によって百年の眠りに落ちる〉という基本は、どれも同じだ。

ただ、意外とカンちがいしている人が多いかもしれないが、お姫さまに眠りの魔法をかけるのは、悪い魔法使いではなく、善い魔法使いなのである。

それでは、もっとも有名なグリム版のあらすじを見てみよう。

昔々、ある国に、ひとりのお姫さまが生まれた。そこでそのお祝いに、国中から十二人の魔法使いが呼ばれることとなったが、じつはその国には、もうひとり魔法使いがいたのである。お祝いの席で、十二人の魔法使いたちは、生まれたばかりのお姫さまに贈り物をすることとなった。順番に贈り物をし、十一人目が終わったとき、突然、十三人目の魔法使いが現われ、姫に「紡《つむ》ぎ車（糸を紡ぐ道具）に刺さっ

▲ 茨に覆われた城で眠り続けたので、茨姫ともいわれる

て死ぬ」という呪いをかけてしまう。

しかし十二人目の魔法使いが、すぐさま贈り物として、「紡ぎ車は刺さるが、死なずに百年眠る」と、呪いの内容を変更するのであった。

それから十五年が経ち、呪いのとおりに姫は紡ぎ車で手を刺し、深い眠りについてしまう。

さらに、魔法の力は城全体に広がり、城中の人びとも眠らせ、城自体も茨で覆われてしまうのである。

この百年後、王子さまのキスでお姫さまが目を覚まし、ふたりが結ばれるというのがグリム版の結末だ。

だがペロー版には、その続きがある。そこでは王子さまの母親が人食い鬼で、姫を食い殺そうとするという恐い展開になるのである。

旧約聖書に登場する、霊魂召喚術

エンドルの魔女の死者の声

MAGIC

死者からのアドバイスを聞いて気絶したサウル王

死者の霊を召喚する魔法は、世界各地の、さまざまな時代に見受けられる。たとえば中国には、方術士が皇帝に頼まれ、死んだお妃の霊を見せたという伝説が残されているし、日本のイタコは、いまも死者の霊を呼びだす術を見せてくれる。

また、十九世紀のヨーロッパで流行した降霊会や、現代の子どもたちのあいだでも周期的に流行するコックリさんも、この魔法が大衆的な形になったものだ。それほど人びとにとって、死んだ人間の声を聞きたい、姿を見たいという欲求は、普遍的で強いものなのかもしれない。

さて、そんな死者の霊を召喚する魔法のなかでもっとも古い記録は、エンドルの魔女と呼ばれる人物が使った魔法だろう。この人物は旧約聖書の『サムエル記』に登場する魔女で、エンドルとは地名である。

古代イスラエルのサウル王は、戦争を目前に控えながら、神が姿を現わさないこ

▲ 古代ユダヤでは、神が味方についているかどうかは重大な問題であった

とに不安になり、だれか信頼できる人に相談したいと考えていた。そんなとき、エンドルという町に死者の霊を呼びだす魔女がいると聞き、サウル王は彼女に頼んで、いまは亡き預言者サムエルの霊を呼び寄せてもらうことにする。

評判どおり、サムエルの霊が魔女の体に降りてきた。だがサウル王が、「なぜ、神は現われてくれないのか」と問うと、サムエルの答えは、「すでに神はお前のもとを去ったのだ」というものだった。この救いのない答えを聞いた王は、失意で気絶したという。

死者の面影を追い求めて得られるものが、希望より失望のほうが多いのは、いつの時代でも同じだ。やはり、そう簡単に死んだ人間の声を聞きたいと思ってはいけない。

MAGIC

イエス・キリストの弟子とくり広げた魔術合戦

シモン・マグスの悪魔召喚

異端の魔術師は、もうひとりの救世主だったのか

シモン・マグスは、新約聖書や聖書の外伝に登場する異端の魔術師だ。マグスとは「偉大なる」という意味で、魔術師シモンと呼ばれることもある。イエスの弟子たちと同時代、つまりローマ帝国時代の人物で、サマリア生まれだと言い伝えられている。

伝説によれば、シモンは、悪魔を自在に召喚することができたという。また、彼は自分のことをキリスト（救世主）であると称し、彫像を動かし、石をパンに変えるなどの奇蹟を見せて邪教を広めていたともいう。

それは、イエスの弟子たちにとって許し難いことであった。そこで、イエスの高弟ペテロがシモンに魔術くらべの戦いを挑むことになる。この魔術合戦で、シモンはペテロに向かい「俺は神と同じだから、天に昇ることができる」と言い放ち、魔法の力で空に飛び上がってみせた。だが、ペテロが神に祈ると、シモンの魔法はあ

▲ 墜落死したシモンの伝説は、堕天使を思わせる……

っさり解け、空から墜落して骨を折って死んでしまったと聖書の外伝には書き記されている。

あるいは別の伝承では、シモンがイエスのまねをして復活の奇蹟を見せようと自分を生き埋めにしたが、そのまま無残に死んでしまったという話も残されている。どちらにせよ、シモンは神の力の前に敗れ去るのである。

しかしこれらの伝承が、キリスト教の側からの視点であることを忘れてはいけない。客観的に見れば、これは当時の新興宗教同士の対立でしかない。事実シモンは、神秘思想グノーシス主義の始祖であるともいわれている。

もしかしたらシモン・マグスは、本当にもうひとりの救世主だったのかもしれないのである。

MAGIC

ブードゥー教のゾンビ

術者が仮死状態の人間を操る「魂なき人形」

ゾンビ＝「腐った死体」ではない

ブードゥー教は、カリブ海の島国ハイチや、アメリカ合衆国南部で、現在も信仰されている宗教だ。十五世紀以降、奴隷として連れてこられた黒人たちがもち込んだアフリカの精霊崇拝と、キリスト教が混交して生まれたといわれている。

このブードゥー教の秘儀に、ゾンビというものがある。一般的にゾンビというと、腐った死体が動きだした怪物と思われがちだが、実際はちがう。ゾンビは死体ではなく、秘術によって仮死状態にされた人間が、術者により操られているものなのだ。

人間をゾンビにするためには、まず「ゾンビ・パウダー」という薬が必要とされている。これは、雷石と呼ばれる神秘的な石と、死体の骨、ヒキガエル、トカゲ、フグなどを混ぜて作ったものだ。

こうしてできあがったゾンビ・パウダーを、術者が目的の人物の住む家の前にまくと、相手は足から毒を吸収し、仮死状態になってしまうという。そして当然、周

▲ ゾンビの術を使いこなす魔法使いは、人びとに恐れられた

囲のものは、その人物が死んだものと判断して埋葬してしまうのだが、術者はこっそり墓から相手を掘りだし、解毒薬を与えるのだ。

すると、仮死状態だった人間は蘇るが、そのときには意識を奪われており、術者のいいなりに動く「魂なき人形」になっているのである。

ちなみに術者は、仮死状態で埋葬された人間を早めに掘りださないとならないともいわれている。なぜなら仮死状態の人間の肉体が、地中で腐ってしまうからだ。そうなると、術者も手の施しようがない。

このことからも、ゾンビに対する「腐った死体」というイメージが、じつはまったくまちがっていることがわかるだろう。

MAGIC

アグリッパの死体移動

大魔術師の身に降りかかった無実の嫌疑

自宅で発見した死体を見て大学者は……

アグリッパは、十六世紀のヨーロッパに実在した、学者であり魔術師である。

彼はドイツに生まれ、法律、医学、哲学などを学んだのち、神聖ローマ皇帝に仕え、大学で聖書学の講義をもつほどの大学者であった。だが、同時にカバラなどの神秘学の研究にうち込んだせいで、やがて異端として教会から追放され、ヨーロッパ各国を放浪する身となって生涯を終えている。

そんなアグリッパには、魔法に関するエピソードがいくつもあるのだが、そのなかでもおもしろいのは、死体を移動させた魔法であろう。

ある日、アグリッパの留守中にひとりの若者が訪ねてきた。若者は勝手に家にあがりこむと、アグリッパの書斎で、まちがって悪魔を呼びだしてしまい、その悪魔に殺されてしまったという。帰宅したアグリッパは若者の死体を見つけ、このままでは自分が殺人犯にされてしまうと困惑した。そこで彼は魔法によって死体を歩か

▲ 学者であり魔術師だったアグリッパには、アリバイ工作など造作もなかった？

せ、町の広場を歩きまわらせてから、死体を倒れさせることを思いついた。

そうすれば、若者が歩きまわっていたことを人びとが目にし、アグリッパの家で死んだのではなく、散歩の途中に死んだと思わせられるからだ。

このアグリッパの、魔法によるアリバイ工作はみごと成功し、彼に殺人の嫌疑はかからなかった。ちなみにアグリッパがこの魔法を使ったときは、悪魔の力を借りたともいわれている。

ところで、中国にはキョンシーという「歩きまわる死体」の怪物がいる。

これは、出稼ぎ先で死んだ遺体を自分の足で故郷に帰らせるため、道士が死体に術をかけて動かしたのが起源ともいわれている。洋の東西で似たような魔法があるものだ。

MAGIC

迫害されしユダヤ教徒を救うロボットの元祖

ラビのゴーレム

「言葉」に支配される人造人間

ユダヤ教の伝承では、泥でできた人造人間、ゴーレムを作る魔法が存在する。

ゴーレムという名前は「胎児」という意味で、その名のとおりこの人造人間は、知能も低く、話すこともできないという。しかし力は人間よりも強く、人間の命令を聞いて従うだけの知能は持っているそうだ。いわばゴーレムは、元祖ロボットともいうべきものであろう。

この人造人間の作り方は、次のように伝わっている。ユダヤ教の聖職者であるラビが、祈禱《きとう》をしてから断食し、粘土で人の形を作り、神の名前を語りかける。すると、泥人形に生命が吹きこまれ、動きだすというのである。

また、作りだしたゴーレムを操作するときには、泥人形の額にヘブライ語でemeth「エメト（真理）」と書くと動きだし、最初の文字の「e」を消して、meth「メト（彼は死せり）」とすると、もとの粘土に戻るともいわれている。

▲ 迫害されていたユダヤ人にとって、ゴーレムは希望だった

文字を足したり引いたりすることで動きだしたり、止まったりするというゴーレムのしくみは、なにも知らない人から見れば、言葉遊びのようにしか思えないかもしれない。

しかしその背景には、カバラというユダヤ教の神秘思想が影響を与えているのだ。カバラのなかには、言葉の変換や数字の解釈など、複雑な暗号解読法が含まれているのである。

それゆえ、ゴーレムが「e」の一文字の有無によって活動が制御されるというのは、じつはそれほど不思議な話でもない。

ちなみに十六世紀のプラハでは、当時迫害されていたユダヤ教徒を守るために、ゴーレムが製造されたという記録が残されている。

MAGIC

果《か》心《しん》居《こ》士《じ》の幻術

戦国大名たちを手玉にとった幻術師の技

幻術を使い、天下人の逆鱗に触れた男

果心居士は、日本の戦国時代に、数かずの大名たちを幻術でたぶらかしたといわれる人物である。生没年不詳で、くわしい生涯もわからないが、さまざまな文献に名前が登場する、謎めいた男だ。

彼が使った幻術とは、人の心を操り、幻覚を見せる術であったと思われる。その幻術によって翻弄された戦国大名は、筒井順慶、織田信長、明智光秀など、そうそうたる顔ぶれだ。なかでも松《まつ》永《なが》弾正《だんじょう》に見せた幻術の逸話がおもしろいので、それを紹介しよう。

ある月夜の晩、客として招いていた果心居士に向かって、弾正が「自分はいままで、一度も恐い思いをしたことがない。お前は、わしを恐がらせることができるか」と冗談半分に問うた。それに対して果心居士は、刀剣類と周囲の者を下げるよう言い、座敷に弾正とふたりきりになった。

▲ 一説には、江戸時代まで生き延びたともいわれている

すると急に月が隠れ、雨が降り出し、風が吹き始めた。ふと弾正が庭先を見ると、人影が立っている。それは、五年前に死んだ弾正の妻であった。

おそろしくなった弾正が、思わず「果心やめよ」と叫ぶと、亡き妻と思った人影は果心居士だったという。

そんな果心居士も、豊臣秀吉の前ではヘマをしている。天下人となった秀吉の前で、幻術を使って秀吉の隠し事をばらし、怒りに触れてしまったのだ。

捕らえられ、処刑される直前、果心居士はネズミに変身して逃げようとした。ところが、そこに一羽の鳶《とび》が飛んできて、ネズミをくわえて飛んでいってしまったのである。

以後、果心居士の姿を見た者はいなかったそうだ。

鬼神を従え、海上を飛行する驚異の呪力

役《えんの》小《お》角《づの》の鬼神使役

MAGIC

仏教、神道、陰陽道《おんみょうどう》を極めた大修行者

通称・役行者とも呼ばれる役小角は、七世紀、飛鳥時代から奈良時代にかけて活躍した呪術者であり、修験道の開祖ともいわれている人物だ。修験道とは、日本古来の山岳信仰に、密教、神道、道教、陰陽道などが合わさってできた宗教である。

役小角のくわしい生涯は不明だが、陰陽師の家系に連なる家に生まれ、幼いころより仏教も学んでいたという。だが、それだけでは飽き足らなくなり、葛城山《かつらぎやま》にこもって瞑想をし、神秘的な力を身につけたそうだ。あるいは、真言密教の孔雀《くじゃく》明王経《みょうおうきょう》を習得することで、驚異的な呪力を身につけたのだという説もある。

さて、そんな役小角の呪力の強力さは、当時、日本中になり響いていたが、そのなかでも有名だったのは、彼の鬼神使役の術だ。

伝説によれば、役小角は鬼神たちを使って、水をくませ、薪《まき》を割り、もし命令に背く鬼神がいたら、呪縛して強制的に従わせたという。それから数多くの鬼神たち

▲ 20代のころ、藤原鎌足の病を治したという伝説もある

を集め、葛城山と金峰山《きんぷせん》のあいだに石橋を渡そうとしたこともあるという。

これらの伝説ゆえ、現代に伝わる役小角の肖像画には、必ず彼につき従う前鬼、後鬼という二体の鬼神も合わせて描かれるようになったほどだ。ある意味、彼は日本のソロモン（194ページ）といってもいいだろう。

だが、これだけの力をもってしまうと、時の権力ににらまれてしまうのも、必然的な流れであった。

役小角に謀反の意志あり、と弟子が（一説には、葛城山に住む一言主という神さまが）朝廷に申し立て、彼は伊豆大島に流刑されてしまうのだ。

しかし、役小角は、流刑されてからも、毎夜、空を飛んで海を越え、富士山で修行を続けたともいわれている。

所持者の命令に絶対服従するランプの魔神

魔法のランプ

ITEM

ソロモンの悪魔使役（１９４ページ）や、安倍晴明《あべのせいめい》の式神（１９８ページ）など、超自然的な存在を自分の思うがままに操る魔法は、世界中にいろいろとある。だが、それらの魔法はみな、術者自身に強力な魔力があってはじめて可能なものばかりだ。普通の人間が、おいそれとまねできるものではない。

しかし普通の人間でも、偉大なる魔術王や伝説の陰陽師と同じように、超自然的な存在を自在に操ることのできるアイテムが、じつはあるのだ。しかもこれは、少しも努力したり、修行したりする必要もなく、所持したその日から使えるというすぐれもの。それがイスラム圏の伝説に登場する、魔法のランプである。

財宝も結婚も、なんでもかんでも魔神にお任せ

イスラム世界に伝わる説話を集めた『千夜一夜物語』で有名となり、通称「アラジンの魔法のランプ」として知られるこの魔法のアイテムは、持ち主がどのような

◀望んだことがなんでもかなう、究極のアイテムだ

人間であれ——たとえ赤ん坊であっても——魔神を呼びだして、自分の好きなように使役できるというものだ。

『千夜一夜物語』のなかの、魔法のランプの逸話は次のようなものである。

昔々、あるところにアラジンという名の若者がいた。ふとしたことから、アラジンは、悪い魔法使いから古びたランプをだましとったのだが、アラジン自身は、そのランプの使い方がわからなかった。しかしあるとき、着ていた服でなんの気なしにランプをふくと、突然、煙がわき出て、そのなかから巨人が出現する。

そして巨人は、「わたしはランプの魔神。呼びだした人の命令をなんでも聞きます」と言った。喜んだアラジンは、とりあえずまず「食べ物を出せ」と命令した。するとと、とたんにテーブルの上が山盛りのごちそうでいっぱいになったのである。

それからしばらくしたある日、アラジンは町中でお姫さまの姿を見て、一目ぼれをする。どうしてもお姫さまと結婚したくなったアラジンに対して王さまは、「四十枚のお皿に宝石を山盛りにしたら、結婚させてやろう」と答えた。魔法のランプを手にしたいまのアラジンにとって、そんなことは簡単なことだ。すぐさまランプの魔神に命令し、王さまの要求に応え、お姫さまとめでたく結婚するのであった。

王宮で楽しく暮らすアラジンに対し、彼に魔法のランプをだまし取られた悪い魔法使いは、復讐の機会をねらっていた。そして、とうとうアラジンの留守中にランプを手に入れ、魔神に命令を下し、お姫さまをお城ごと奪い去るのである。

帰ってきたアラジンは、愛する姫とお城が忽然と姿を消していることに驚いたが、ふと、悪い魔法使いから、魔神を呼びだせる指輪も手に入れていたことを思いだす。そこで、指輪の魔神に魔法使いのところまで案内させてランプをとり戻すと、ランプの魔神に、「姫と城を元の場所に戻し、魔法使いを世界の果てに追放しろ」と命じた。もちろんランプの魔神が、すぐにアラジンの命令どおりにしたのはいうまでもない。

これ以降、世界の果てに飛ばされた魔法使いは二度と姿を現わさず、アラジンとお姫さまは、末永く幸せに暮らしたとさ。

ご都合主義だからこそ、究極の魔法アイテムなのだ

……はっきり言って、魔神に命令するだけで、自分ではなにひとつ努力しないアラジンに共感するのは難しいし、そもそも魔法の指輪を持っていれば、ランプはいらないだろうとも思うのだが（その魔法の指輪を持っていることを忘れていたのも論外だが）、まぁ昔話だ。カタいことをいってもしかたがない。

それに、この徹底したご都合主義こそが、いつまでも人びとが「アラジンの魔法のランプ」にひかれる理由でもあろう。なにしろこれほど便利な魔法のアイテムは、ほかにはなかなかない。いっさいの苦労なしになんでもできる魔法のランプは、ある意味、究極の魔法アイテムなのである。

ITEM

愛の秘薬

トリスタンとイゾルデの悲恋物語に登場する薬

それを飲むと、一瞬で恋に陥ってしまう愛の秘薬――。もっとくだけていえば、惚れ薬や媚薬といった魔法のアイテムは、世界中の伝承や物語のなかに見られるものである。たとえば、東洋の民間信仰に見られるイモリの黒焼きや、シェイクスピアの戯曲『真夏の夜の夢』に出てくる妖精の媚薬《びやく》などなど。

それぐらい恋というものは、魔法を使いたくなるほどままならず、また、一度恋に落ちたものは魔法の力に捕われたように熱狂的になるというのが、世界的に共通した認識なのだろう。そんな愛の秘薬のなかで、ヨーロッパではもっとも有名なのが、ケルト神話の物語「トリスタンとイゾルデ」に登場する愛の秘薬である。

けっして許されぬ恋に落ちたふたりの行く末は……

トリスタンとイゾルデの物語は、次のようなものだ。

イングランドの南西に位置するコーンウォールの王マルクは、アイルランドの王

◀ 愛の秘薬を飲んだ者は、押さえられない衝動に身を焦がす

女イゾルデと結婚しようとしていた。そこで、マルクの甥《おい》である騎士トリスタンが、アイルランドまで花嫁を迎えにいくこととなった。

アイルランドに到着したトリスタンは、そこで大ケガをしてしまう。それを治療したのがイゾルデであった。治療の際にイゾルデは、トリスタンが、かつてアイルランド最強の戦士に致命傷を与えた仇敵であることに気づくが、彼に恋心を抱きはじめていたせいで、どうしてもそれを告発する気にはなれなかった。

イゾルデの懸命な介護もあって回復したトリスタンは、マルク王との縁談話をアイルランド王に申し入れた。アイルランド王は、両国の和平を願って、その申し出を受け入れる。トリスタンにひかれるイゾルデにとって父の決断は残酷なものであったが、結婚を望まぬ娘の心を知ったイゾルデの母は、娘を思い、彼女に愛の秘薬を与える。それは、男女がそれをいっしょに飲みさえすれば、永遠におたがいを愛し合うという魔法の薬であった。結局、両国の平和のため、イゾルデはトリスタンとともにコーンウェルに向かう決意をする。だが、その旅の途中に悲劇が起きる。あやまってトリスタンとイゾルデが、愛の秘薬を飲んでしまうのである。

コーンウェルに着き、イゾルデはマルク王と結婚したが、王の目を盗んで、トリスタンと密会を続けた。それはふたりにとって、どうにも押さえ難い衝動だったのだ。

しかしとうとうマルク王に、ふたりの逢瀬がばれてしまう。ところが、マルク王はふたりを責めなかった。そのことに良心を痛めたトリスタンは国を捨て、ひとり遠い国に行って、別の女性と結婚することにする。

それから月日が流れ——。あるとき、トリスタンは戦争で深手を負ってしまう。彼を救えるのはイゾルデだけであった。トリスタンはイゾルデのもとに使いを送った。そして、もし彼女が来てくれるなら船に白い帆を、来てくれないなら黒い帆を掲げるよう、使いに頼んでいた。

やがて使いの船は白い帆を掲げて帰ってきた。が、トリスタンの妻は嫉妬から、夫に船は黒い帆を掲げていると告げてしまうのである。絶望したトリスタンは自殺し、彼の死を知ったイゾルデも、あとを追って死んでしまうのであった。

恋愛に魔法のアイテムは不要？

このケルトの悲恋物語は、中世にヨーロッパ全土に広まり、十九世紀にはワーグナーの手によって歌劇になり、現代においては映画にもなっている。また、義理と愛に引き裂かれるという物語の骨子は、アーサー王伝説のなかの騎士ランスロットと王妃ギネヴェーレの不倫物語や、恋愛物の古典『ロミオとジュリエット』にも影響を与えたといわれている。それほど、トリスタンとイゾルデの物語は、西洋人になじみ深いものなのだ。

ところで、愛の薬による恋愛は、たいてい悲劇的な結末を迎えるものである。月並みな教訓だが、やはり恋愛には魔法のアイテムなど使わないほうがいいのだろう。

ITEM

ワイナモイネンのカンテレ

動物を呼び寄せ、人びとを眠りに誘う魔法の竪琴《たてごと》

楽器、演奏者、曲、どれが魔力の源泉か!?

ワイナモイネンとは、フィンランドの神話的叙事詩「カレワラ」に登場する賢者であり吟遊詩人の名前だ。カンテレとは、竪琴に似た、フィンランドの民族楽器のことである。

ワイナモイネンが自らの手で作りあげたカンテレは、魔力をもっていたと伝説は語っている。そのカンテレは、巨大なカマスの魚骨から作られており、胴体はカマスの顎骨《あご》、ネジは歯、弦は馬の尾の毛から作られていたという。

そして、ワイナモイネンがカンテレを弾くと、鳥や獣たちが集まってき、また世界中が眠りについたといわれている。

もっとも、楽器の場合、その楽器自体に魔力があるのか、演奏者に魔力があるのか、それとも演奏される曲に魔力があるのかは、非常に微妙なのだが……。とはいえ、アポロンの竪琴や、ハーメルンの笛（236ページ）など、神話や伝説のなか

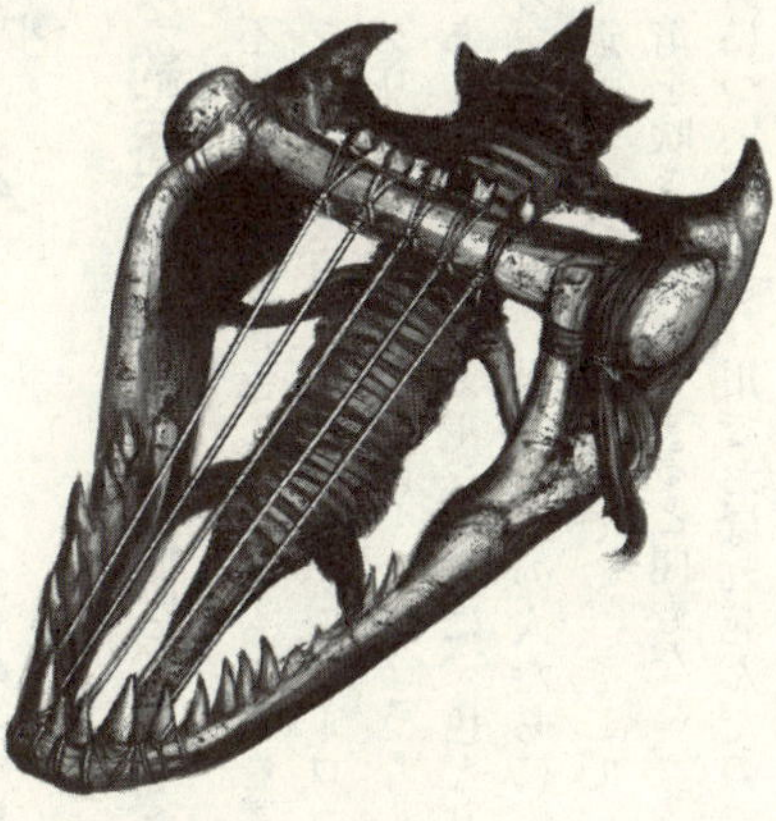

▲ カンテレは、両膝か机の上に置いて演奏される

には神秘的な楽器がよく登場する。それだけ音楽というものが、人の心を虜《とりこ》にする魔法的なものだと昔の人びとは考えていたのだろう。

話を戻そう。さきに、ワイナモイネンのカンテレはカマスの骨でできていると説明したが、じつはこれは初代のカンテレのことであり、ワイナモイネンのカンテレには、二代目も存在する。

初代のカンテレが、嵐で海の底に沈んでしまったので、ワイナモイネンは、白樺《しらかば》と乙女の髪の毛を材料にして二代目のカンテレを作りあげたという。

この話の舞台であるフィンランドは、地域としては北欧に属するが、いわゆる北欧神話の影響は少なく、文化的には独自の発展を遂げ、その神話も独特なものである。

ITEM

大量児童誘拐魔が奏でたメロディ

ハーメルンの笛

約束を守らない代償は、とても高くついた

不思議な笛の音色で、子どもたちを誘いだし、町から忽然と姿を消した『ハーメルンの笛吹き男』は、古くからヨーロッパに伝わる伝説である。

グリム版のあらすじは、次のようなものだ。

あるとき、ハーメルンの町に、色とりどりの布をつなぎ合わせた奇妙な服を着た男がやってきた。男は、町の人たちに、報酬を払ってくれれば、町のネズミをすべて退治してやろうと申しでる。そこで、町の人たちがネズミ退治を依頼すると、男は笛を吹き始めた。すると間もなく、すべての家からネズミが表に飛びだしてきて、男について行き、川でおぼれ死んだのである。

だが、町の人びとは約束を破り、男に報酬を支払わなかった。そこで男は怒り、ふたたび笛を吹いた。すると今度は、ネズミではなく町じゅうの子どもたちが男のそばに集まってきて、男のあとをついて町を出て行ってしまったのだ。男について

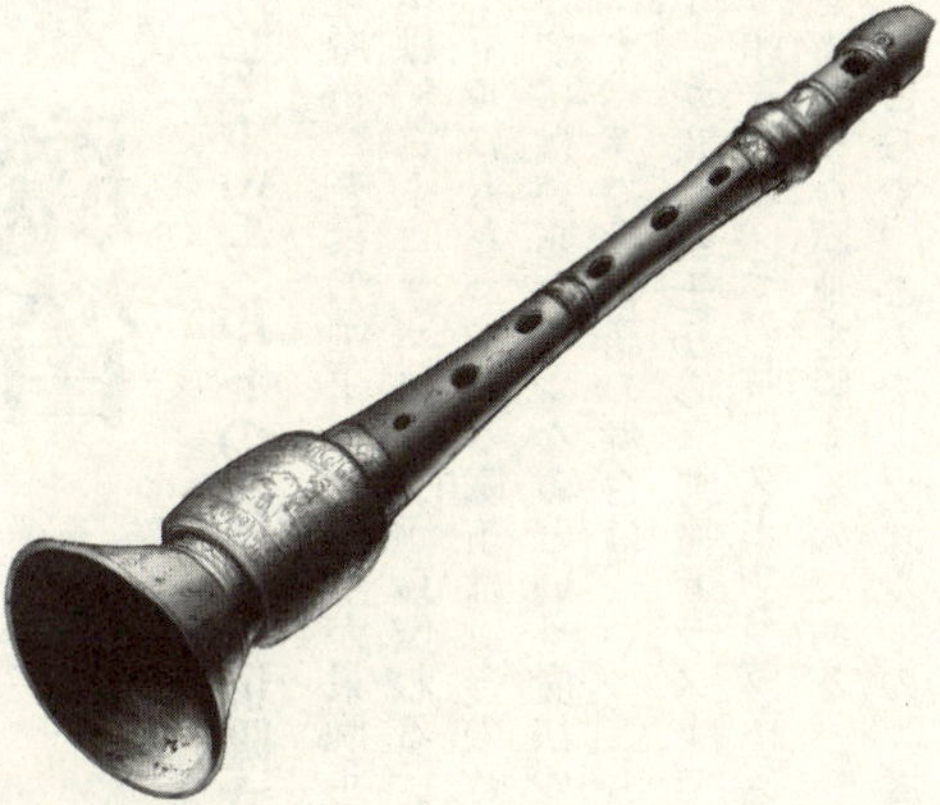

▲ 笛吹き男はその奇妙な服装から、まだら男とも呼ばれる

行かなかったのは、目の見えない子と、口のきけない子のふたりだけだった。

そうしてこれ以降、そのふたり以外の子どもたちの姿を見た者は、だれひとりとしていなかったという。

……ところで、この『ハーメルンの笛吹き男』の物語は、実際にあった事件であるという説がある。事実、ドイツにハーメルンという町は存在するし、一二八四年の六月二十六日に、ハーメルンの町から百三十人の子どもが行方不明になったという記録も残されているのだ。

ハーメルン市の新門には、いまも〈悪魔が百三十人の子どもを町からさらっていってから二百七十二年の後、この門は建立された〉というラテン語の文字が刻まれている。

ITEM

魔《ま》笛《てき》

聴く者すべてを踊らせる、魔法の笛

モーツァルトのオペラに隠された、異端の香り

『魔笛』とは、モーツァルトが最晩年に作曲したオペラのタイトルだが、物語の原型は、ヨーロッパに古くから伝わる伝承がもととなっている。そして、オペラのタイトルにもなっている魔笛は、その音色を聴いた者が浮かれた気分になり、踊りださずにはいられなくなるという魔法の笛のことだ。

オペラでは物語の舞台は、いつとも知れぬエジプトに設定されている。王子タミーノが夜の女王から、悪魔ザラストロにさらわれた女王の娘を救いだしてくれるよう頼まれる。その時に女王から魔笛を授かったタミーノは、この魔法の笛によって、さまざまな窮地を脱するのである。

ところで、このモーツァルトの『魔笛』は、ヨーロッパの伝承以外にも、多くの魔術的なモチーフが隠されているといわれる。悪魔ザラストロの名前は、ゾロアスター教の開祖ザラスシュトラ（ツァラトゥストラ）から取られているし（40ページ）、

▲ 聴く者すべてが踊りだす音色とはどんなものだろうか？

西洋の秘密結社フリーメーソンのシンボルや教義がオペラのなかにたくみに隠されているともいわれるのだ。

そもそも、劇の舞台設定が多神教の地エジプトであり、また劇中で悪魔ザラストロこそが善で、夜の女王のほうが悪であるという善悪の逆転が見られるなど、キリスト教が支配的だったヨーロッパの作品にしては、この歌劇は、あまりに異教徒的である。

そう考えていくと、聴く者を踊らせてしまう魔笛のイメージも、ギリシア神話に登場し、人びとを陶酔に導く、酒と狂乱の神ディオニュソスあたりを源流としているのかもしれない。

ディオニュソスは、キリスト教が支配的になって以降、西洋では悪魔と同一視されるような異端の神でもある。

死刑囚の手を素材に作られた燭台《しょくだい》

栄光の手

人びとを眠りに誘う、消えない炎

西洋黒魔術の文献などによく出てくる道具に、「栄光の手」というものがある。これは、死者の手を素材にして作った燭台で、その上にろうそくを灯して使うものだ。

そして、この栄光の手を持って泥棒に入ると、侵入された家の者は栄光の手の魔力で眠りに落ちてしまい、けっして目覚めないという。つまり、この魔法のアイテムさえ持っていれば、盗みは必ず成功するのである。また、この栄光の手の上で燃えるろうそくは水をかけても消すことができず、牛乳をかけなければ消えないともいわれている。

さて、栄光の手の作り方には諸説あるが、代表的なのは、次のようなものだ。まず、絞首刑になった罪人の手を切り取り、血をすべてしぼり出す。次に、塩とコショウと硝石《しょうせき》を混ぜた液体で土製の壺を満たし、そこに先ほどの死体から切り取った手を漬ける。二週間後、壺から手を取りだし、日光で完全に乾燥させる。

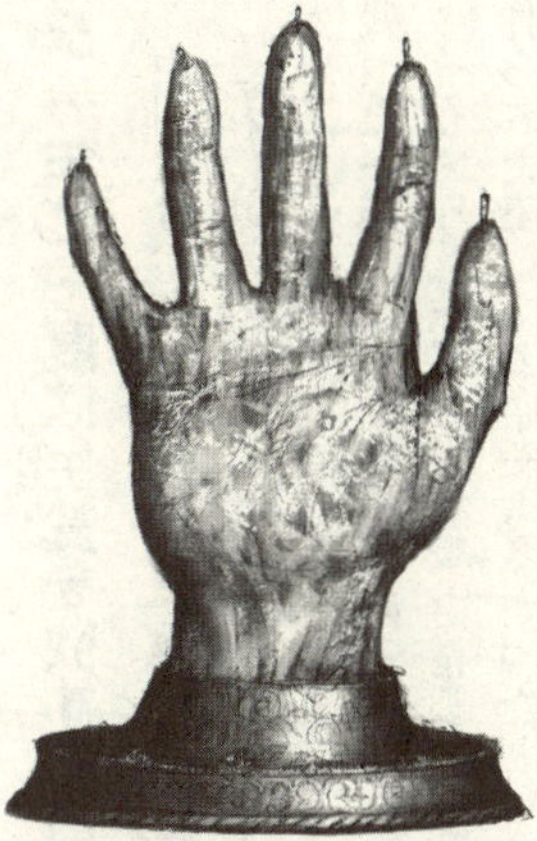

▲ 犯罪者の死体は、特別な魔力をもつと信じられていた

それでも乾かなければ、植物のシダとクマツヅラを燃やし、乾燥させる。

これで栄光の手は完成である。

だが、完全な魔法の効果を得ようと思えば、栄光の手の上で燃やすろうそくのほうも、絞首刑で死んだ男の脂肪と、蜜蝋《みつろう》と、ラップランド産のゴマから作った特別なものでなければいけないという。

ただ、これには異説もあり、屍蝋《しろう》となった手で栄光の手を作り、その指先を燃やせば、同じような効果が得られるともいわれている。

……とはいえ、この魔法のアイテムが、泥棒の強い味方だったのは、昔の話だろう。けっして眠らない電子警備システムが普及した現代では、なかなかつらいところだ。

ITEM

巨万の富をもたらす蠱毒《こどく》使いのあこがれ

金《きん》蚕《さん》蠱《こ》

一年に一度は生贄《いけにえ》を欲する最強の蠱毒

中国には、古くから蠱毒と呼ばれる魔術が伝わっている。

これは基本的には、ヘビ、ムカデ、トカゲ、クモ、サソリなど、毒性が強いといわれる生き物多数をひとつの容器のなかに閉じこめてたがいを食いあわせ、最後に残った一匹に強力な毒を集めるというものだ。

そういう意味では、猛毒を精製する魔術という面もあり、実際、そのようにして作られた毒による暗殺も多かったという。だが蠱毒には、単純に毒の精製というだけはなく、そうやって作りあげた一種の怪物を、術者が己の目的のために使役する魔法という側面もある。

その代表的なのが、金蚕蠱と呼ばれるものだろう。金蚕蠱は、文字どおり蚕《かいこ》で作られた蠱毒で、錦がエサであるという。そして、毒性に特徴があるのではなく、その所持者に巨万の富を与えてくれるのが最大の特徴なのだ。

▲ 金蚕蠱は、すべての蠱毒使いのあこがれの的だったという

具体的には、金蚕蠱のフンを他人に食べさせると、その人は毒に当たって死に、その死者の財産が金蚕蠱の持ち主のものになるというのである。

だが、金蚕蠱には術者にとって危険なものでもある。なぜなら一年に一度は犠牲者を出さないと、金蚕蠱は所持者を食い殺してしまうからだ。

さらに、この金蚕蠱はけっして死なず、捨てようにも捨てられず、もし遠ざけようと思えば、金蚕蠱によって得た富の数倍の財産を利息としてつけなければ追いだせないという。

こうなると、じつは金蚕蠱が術者の主人だとも考えられはしないだろうか。もしかしたら、莫大な財産も、本当は金蚕蠱が望んでいるものなのかもしれない。

ITEM

焚《た》くと死者の魂が蘇るお香

反《はん》魂《ごん》香《こう》

漢の武帝も西行《さいぎょう》も使った歴史あるアイテム

反魂香とは、お香の一種で、これを焚くと、死者の魂が蘇るといわれている。「反魂」とはつまり、魂反しという意味なのだ。

古くは紀元前二世紀ごろ、中国は前漢時代の皇帝だった武帝が、亡き妻である李夫人を想ってこの香を焚いたところ、煙のなかに夫人の姿が浮かびあがったという。

また日本でも、平安末期から鎌倉時代の僧侶で、歌人としても名高い西行が、非業の死を遂げた崇徳《すとく》天皇の霊を慰めるため、香を焚き、和歌を詠むと、崇徳天皇の霊が姿を現わしたという伝説が残されている。このとき使われた香も、反魂香であったようだ。

ところでこの西行、伝説においては、死者復活と縁の深い人物である。なにしろ西行には、高野山で修行していた時、死者の骨から人造人間を作りだしたという伝説があるのだ。しかし、この人造人間は顔色が悪く、ひゅーひゅーと笛のような声

▲ 落語のネタにもなり、反魂香は民衆にもよく知られていた

を出すばかりで話すことのできない、不完全なものであったという。

西行は自分の作ったものが気にいらなかったが、一度生みだしてしまった以上、いまさら殺す気にもなれず、ただ山奥に捨ててしまったそうである。

この、死者の骨から人間を作りだす術は、「反魂の術」と呼ばれている。

ちなみに高野山から下りたあと、西行は京の都で、反魂の術に通じた貴族から術の秘訣を聞く機会を得た。

その貴族は「自分が作った人造人間は、朝廷で大臣にまでなった」と豪語するほどの練達者であり、西行に反魂の術の真髄を細かく教えたという。

だが、どういうわけか以後、西行はけっして、この術を使わなかったと言い伝えられている。

ANOTHER MAGIC & ITEM

魔力の宿る神秘の文字

　ファンタジー小説や映画、ゲームなどのなかで、ルーン文字という言葉を聞いたことがある人は多いだろう。

　これは、**オーディンの魔法**の項でも触れるが、古代ゲルマンやケルトなどで使用され、13世紀ごろに滅びてしまった文字のことである。この文字は、垂直な直線と、斜め45度の直線だけで形作られており、その一文字一文字に魔力が込められていると考えられていた。

　たとえば、戦いの神であるテューンのルーンを剣に刻めば、剣の威力が増すといった具合である。もちろん、ルーンは正確に刻まねばならない。医療のルーンをまちがって彫ってしまい、病気が悪化したなどといった伝説も残されている。また、文字を刻んだ溝を、自分の血で染めると、魔力が高まるとも信じられていたようだ。

LEGEND Ⅴ
特殊系の魔法とアイテム

未来を予言し、千里を跳躍し、天変地異を起こす魔法たち

戦闘、回復、変化、操作……。これら以外にも、人間が求めた神秘の力は限りない。それらは、自然界の力を借りることに集約される。

❀自然界の力の探究から、魔法は科学へと進んだ

この章では、戦闘、回復、変化、操作の四つの分類以外、あるいは、それらを包括した魔法、術、アイテムを取り扱う。

具体的には、予言のような超感覚や知恵の力、物を作りだす製造能力、空を飛んだり長距離をすぐさま駆けぬけるような移動能力、また、天変地異を操る自然操作の術などである。

自然の操作は、降雨や猛風などといった現象を作りだす術であって、人格のある人間や悪魔の操作とは根本からちがう。

かつて世界の各地で、猛風や雷、地震や火山の噴火などといった大自然の脅威、また、さまざまな物質の変成といった自然界の現象は、神の力の具現とみなされた。

そのため古代の人びとは、そうした自然の力を畏怖して神を奉り、さらに神を擬人化した神話体系を作った。

古代の神話の多くでは、超感覚や自然操作の力などを身につけた人間が登場しても、それはあくまで、神から与えられた力として描かれている。ギリシア神話中の「カッサンドラの予言」（268ページ）、旧約聖書の「モーセの奇蹟」（270ページ）などがそうである。

だが、時代が進むにつれ、こうした神の力とみなされる自然界の力には、なんらかの法則性や、鍵となるアイテムがあり、人間もそれを究《きわ》めることによって自在に操れるようになるのではないか、と考えられるようになっていった。

こうして発生したのが、自然界を分析して天候をも操る東洋の遁甲術《とんこうじゅつ》や神仙術、密教などの加持祈禱《かじきとう》、また、黄金や人工の生命を生みだす西洋の錬金術であったともいえる。

これらは、ある意味で、原初的な疑似科学でもあった。

実際、「魔法とは、科学と呼ばれているもののうち、未発見のものを指す」という言葉がある。

たしかに、現代のテクノロジーが実現した飛行機や携帯電話や原子爆弾は、古代や中世の人間には、まさしく魔法のように見えることだろう。

❁言葉こそ最大にして究極の魔法

西洋の錬金術は、火、水、風、土の四元素の作用を体系化し、そこに法則性を見出そうとした。いっぽう東洋の陰陽五行説《いんようごぎょうせつ》は、火、水、木、金、土の五元素の作用を体系化した。

洋の東西を超えて、ある意味で同じような発想にたどり着いた点は興味深い。自然界にあるものを分類、分割して整理することは、科学的な認識の第一歩ともいえる。

さて、そもそも人間がこのように自然界にあるものを分類、分割する知恵をもったのは、言語を身につけたからである。

たとえばの話、もし「馬」と「鹿」という言葉がなければ、両者は区別されず、同じ動物として認識されてもおかしくはない。実際、白人の到来まで馬を見たことのなかったアメリカ先住民は、馬を「ヘラジカのような犬」と呼んだという。

アジアとヨーロッパの双方に影響を与えた世界最古の神話体系は、メソポタミア神話だといわれるが、そのメソポタミア神話最高の秘宝は、言葉の力で万物を支配する「天命の書版」（300ページ）だったのである。

つまり、言葉こそ原初の最大の魔法だったともいえるのではないだろうか。

MAGIC

オーディンの十八の魔術

古代の神秘文字がもたらした叡智

北欧神話の最高神オーディンは、数かずの魔術を身につけていた。最高神なのだから、多様な能力があるのは当然と思うかもしれないが、じつは彼の魔術は天与のものではない。自ら苦難に挑んで、それを身につけたのである。

北欧神話の代表的な叙事詩『エッダ』には、オーディンが自ら語ったという形の一節があり、そこには全部で十八の魔術が登場する。その内容は、戦闘、回復、変化、操作といったあらゆる要素を含み、さらにそれ以外の分類不能な魔術も多い。

古代の叙事詩に謳われた十八の魔術

オーディンが詩の形式で語った十八の魔術は、大まかには以下のようなものだ。

第一の魔術は、人を争いや心配やすべての悩みから救う法
第二の魔術は、医者になろうとする者が必要とする法
第三の魔術は、敵の剣を無力化し、自分を傷つけさせない法

◀ オーディンが操る魔法は、自らを犠牲にして得られた

第四の魔術は、どんな手かせや足かせからも、自由に解き放たれる法
第五の魔術は、相手をにらみつけるだけで、敵の飛ばす槍を無力化させる法
第六の魔術は、敵が自分に呪いをかけたなら、その相手をもっと苦しませる法
第七の魔術は、自分の館に火を放たれたなら、燃え広がるのを止める法
第八の魔術は、英雄同士にいさかいが生じたとき、それをすみやかに鎮める法
第九の魔術は、船で旅するとき、海上の風を静め、海をおだやかにする法
第十の魔術は、分身を使う魔女を、その本体に戻れなくしてやる法
第十一の魔術は、友といっしょに戦いに出たとき、その友を守りぬく法
第十二の魔術は、木に吊るされて死んだ者を蘇らせる法
第十三の魔術は、戦に行く戦士を、戦死させない法
第十四の魔術は、神や妖精についてを語る法
第十五の魔術は、知恵や力、利益をもたらした小人が使った法
第十六の魔術は、賢い娘の心を意のままに自分に向けさせる法
第十七の魔術は、さらにその娘が自分を欺くことから身を守る法
第十八の魔術は、身を守る秘訣で、以上をすべて自分だけの秘密にせよと説く

では、以上の魔術を、オーディンはいかにして身につけたのだろうか?

オーディンは、なんと九夜にわたって、自ら槍に貫かれたまま世界樹ユグドラシルに吊り下がり、自分をオーディンに、すなわち自分自身に生贄《いけにえ》として捧げること

でルーン文字を読みとり、巨人族から九つの魔法の歌を習ったのだ。

オーディンはこの間、パンも角杯にも恵まれることなく、風に吹きさらされていたと語っている。さらに、オーディンは、ユグドラシルの根本にある知恵の泉の水を飲むため、自らの片眼を犠牲として捧げている。

最高神でも、犠牲を払わなければ、魔術や叡智は身につけられなかったのだ。

自らを犠牲にして会得した文字が、魔術の鍵だった

九夜の試練でオーディンが身につけた魔術は十八種類だが、北欧神話では九という数字がよく登場する。北欧神話では、神々の世界、巨人の世界、人間の世界など九つの世界があり、ヴァルキューレの女神も九人である。

さて、オーディンの魔術の秘密は、ルーン文字にあった。ルーン文字とは、古代のゲルマン族がまじないなどに用いた独自のアルファベットである。

多くの古代の神話では、文字や言葉それ自体が神聖視された。言葉を使うというのは、そもそも人間をほかの動物と区分する最大のちがいであったし、さらにそれを記述する文字が読める人間といえば、まず聖職者か呪術師だった。

なかでも、ルーン文字のルーンとは、古代のゲルマン語やケルト語で、そのまま「秘密」「呪文」といった意味をもっている。

オーディンの魔術は、言葉自体が原初の魔法だったことをよく示しているのだ。

フラスコの中で人工の生命を生みだす秘術

ホムンクルスの生成

MAGIC

ホムンクルスは人工の生命体で、これを生みだす方法は、中世期のヨーロッパの魔術、錬金術の書物に多く登場する。これは本書にとりあげる魔術の類のなかでも、もっとも疑似科学的な性格が強い技術といえるだろう。

ファウスト博士が見た、実験室の生命体の正体とは……

ホムンクルス生成の場面を描いた有名な作品としては、ゲーテの『ファウスト』があげられる。この物語の主人公ファウスト博士は、十六世紀の伝説的な魔術師で、悪魔メフィストフェレスを呼びだしたといわれる。

『ファウスト』の第二部では、ファウストが彼の教え子だったヴァーグナーの実験室を訪れると、ヴァーグナーがホムンクルスの生成を行なっている。ヴァーグナーが数百の物質を調合し、炉にかけられたフラスコの中で蒸留すると、フラスコのなかで光が発生し、小さな人間が生まれるのだ。この小人のようなホムンクルスは、

◀フラスコの中で生まれた生命は、並々ならぬ知性をもつ

生まれてすぐに言葉をしゃべり、ファウストに語りかけるのである。

ゲーテがこの場面を書く参考にしたのが、十六世紀の錬金術師パラケルスス（ホーエンハイム）が書き残した『物性について』という著作だといわれる。

パラケルススは、男子の精液を蒸留器の中に四十日間密封すると、腐敗活動を起こして目に見えない生命体が発生するので、これを人間の血で養い、四十週のあいだ、馬の胎内と同じ一定の温度に維持し続ければ、小さな人間になると書いている。

現実には、生命の誕生には親となる生物の精子と卵子の結合が必要だが、かつては、人間の精子の中に極小サイズの人間の原形が入っていて、これが女性の胎内で育つと考えられていたのだ。

また、細菌や酵素の働きなどというものが科学的に解明されるまで、ぶどうからワインが生成されたり、牛乳からヨーグルトができる発酵作用や腐敗作用は、人間の目には神秘の変化だった。

精子の腐敗作用から人工の人間が生みだされる、という考えは、こうした背景から考えられたものだろう。

パラケルススの時代から数百年後の現代のバイオテクノロジーでは、実際にクローン動物や代理母出産などが現実に行なわれつつあり、一部では単性生殖可能な生物を人工的に作りだすところまできている。

そう考えると、ホムンクルス生成の技術は、ある意味ではもはや現実に追いぬかれたという言い方もできるかもしれない。

生まれたときから知性をもつホムンクルス

さて、西洋の錬金術と東洋の陰陽道《おんみょうどう》は、どこか似たところがあるが、安倍晴明《あべのせいめい》などが使った陰陽道の式神（198ページ）は、懐紙から使い魔を作りだしてしまうもので、ある意味、ホムンクルスと似たものといえなくもない。

だが、式神は基本的に術者に使役される道具となっているのに対し、ホムンクルスは、独立した知性と人格をもつことが特徴といえる。

パラケルススは、ホムンクルス生成の技術は、神が生命を作りだした神秘の方法と同じもので、ゆえにホムンクルスは精霊に近い存在であるという。しかもホムンクルスは技術そのものであるから、人間がものを教える必要はないと説いた。

『ファウスト』のなかに出てくるホムンクルスは、誕生して間もなく、ファウストに「ぼくも存在している限り、活動しなくちゃなりません」と語っている。なかなか殊勝なことを言う人工生命体ではないか。

ただし、現代のクローン動物などと同様、人工の生命体は長生きはしないというのが通説となっている。実際問題、生まれたときから優秀なホムンクルスが長生きしてくれると、造物主の人間のほうが脅かされかねない。現実には、生命は作るだけでなく育てるほうこそが大変なのだ。

孔明の遁甲術《とんこうじゅつ》

吉凶禍福を読み、地形を操作する法術

MAGIC

遁甲術（奇門遁甲《きもんとんこう》、八門遁甲《はちもんとんこう》とも呼ばれる）とは、天体の運行や山河などの自然現象の変化から吉凶禍福を読むという、道教思想にもとづいた占いの一種だ。

中国の民間伝承や講談などでは、これを応用することで天候や地形を操作したり、それによって長大な距離を自在に移動するといった術が登場する。

遁甲術で風を起こし、風のように去っていった諸葛孔明《しょかつこうめい》

明代に成立した『三国志演義』のなかでは、蜀《しょく》の国きっての軍略家である諸葛孔明が、遁甲術を応用した技でたびたび敵を退けている。もっとも、これはいわば自然操作系魔法というべきもので、直接的に敵を攻撃する技とはいいにくい。

『三国志演義』中、最大級の合戦のひとつである赤壁《せきへき》の戦いでは、孔明は、孫権《そんけん》配下の周瑜《しゅうゆ》率いる呉《ご》軍に協力し、長江のほとりに陣を構えた魏《ぎ》軍を討とうとする。

このとき、周瑜は火攻めを計画し、孔明はそれを効果的にするため、奇門遁甲の

術によって東南の風を起こして見せようとうけおった。

孔明はこの術のため、まず七星壇《しちせいだん》という高さ九尺の三重の台を作らせた。道教の占星術では、天を二十八の方位に分割し、それぞれひとつの星をひとつの方位に当てはめて二十八宿と呼ぶ。七星壇は、いわばこれを反映させた天球の縮小図だ。

孔明は、七星壇の下層の東西南北の四面に、青竜《せいりゅう》を示す青旗、白虎《びゃっこ》を示す白旗、朱雀《すざく》を示す赤旗、玄武《げんぶ》を示す黒旗を立て、それぞれに七宿の星を割りあてた。さらに、七星壇の中層には、六十四本の黄色の旗を八本ずつ八方位に向けて配置させた。これは易の占いで使われる八卦《はっけ》の形である。

そして七星壇の上層には四人の者を立たせ、それぞれ、風のたよりを示す羽毛のついた竿《さお》、風の方角を示す七星の旗のついた竿、宝剣、香炉を持たせた。

孔明は、斎戒沐浴《さいかいもくよく》して甲子《きのえね》の吉日に道士の服を着て、三度この七星壇に登り、方位を見定めてから、香を焚《た》いて儀式を行なったという。

この日はくまなく晴れわたっており、周瑜は「なにも起きないのでは?」といぶかしんでいた。が、はたせるかな、夜更けになってから東南の風が吹き荒れた。

その風によって呉軍は火攻めに成功し、大戦果をあげる。周瑜はかえって孔明を恐れて殺そうとし、孔明はそれを見抜いて早々とひきあげてしまった。

史実では、孔明は名宰相だが軍事の才能は乏しかったという。しかし、ひょっとすると、遁甲術の知識を農耕や災害対策に役立てていた可能性はあるかもしれない。

千里の距離も自在に操る、縮地法の威力

孔明の遁甲術が登場する場面は、赤壁の戦いだけではない。

呉の武将陸遜《りくそん》は、蜀軍との戦いで西方へ攻め入った際、広々とした長江の岸辺に異様な殺気が漂っていることに気づく。部下に調べさせると、孔明の軍勢が無人の岸辺に石を配置して陣を作らせていたという。陸遜はかまわずに進んだが、日が暮れると、突然風が吹き荒れて陸遜は石の陣に閉じこめられ、先へ進むことができなくなってしまった。これは孔明の遁甲術のひとつ「八陣図《はちじんず》」によるものだった。

さらに、のちに魏の司馬懿《しばい》が孔明の軍を追討しようとしたときは、司馬懿の部下たちには孔明の軍がすぐ前に見えているのに、どうあっても追いつくことができず、そう思って自軍を停止させると、すぐさま孔明の軍が襲ってきた。

司馬懿は、これは孔明が遁甲術を応用して長距離を自在に移動する「縮地法」を使っていると見破り、部下に追討をやめさせる。縮地法とは、地脈を縮め、千里の距離も手前に引き寄せたり離したりするという技だ。

同じ『三国志演義』のなかでは、仙術を身につけた道士の左慈《さじ》がこの縮地法で魏の曹操を翻弄する場面もある。壺公《ここう》（２７４ページ）に神仙術を学んだ費長房《ひちょうぼう》もこの術を使えた。さらに信じ難い話ではあるが、北朝鮮の伝説では、かつて金日成《キムイルソン》もこの術を使っていたという。

親指をなめると打開策がひらめく霊感の力

フィン・マックールの知恵

MAGIC

知恵という名の魔法にも、意外な弱点が？

ケルト神話の英雄である、フィアナ騎士団の長フィン・マックールは、危機に陥ったとき、第六感やひらめきのように、それを打開する術《すべ》を知ることができた。これはフィンの天与の能力ではなく、偶然身についた術である。

フィンはかつて、ボイン河のほとりに住むドルイド僧フィネガスのもとに弟子入りしていた。フィネガスは、それを食したものにはあらゆる知識を与えるという知恵の鮭《さけ》を捕まえて、フィンに料理させ、自分が食べようとした。

フィンはこの鮭を食べるなと命じられていたが、料理中に脂がはねて親指についたものをなめてしまった。これを知ったフィネガスは、この知恵の鮭はフィンが食べるべき運命だったと考え、フィンに知恵の鮭を食べさせた。

以後フィンは、危機に陥ったときでも、親指をなめるとそれを打開する知恵がひらめき、未来を知る力を手に入れたという。

▲ 知恵の鮭は、食する者を選ぶ存在だったのかもしれない

　そんなフィンでも、この知恵を使えなくなり、ピンチに陥ったことがある。

　あるとき、フィンは泉の中に指輪を落とした女性のため、泉に飛び込んでその指輪を拾ってきたが、泉の呪いのために白髪の老人になってしまう。

　フィアナ騎士団の戦士のひとりオスカーがフィンを見つけたとき、フィンはすっかり手も足も動かなくなっていた。オスカーがフィンの親指を口に持ってゆくと、ようやくフィンは「妖精の丘へゆき、魔法使いに若返りの水をもらってきてくれ」と、解決策を口にし、どうにかフィンは助かった。

　この調子だと、両手が縛られているときもこの知恵のひらめきは得られない。そう考えると、不便な術という気がしないでもない。

必ず敵を倒す道具ができる神秘の技術

ゴブニュの武器製造

MAGIC

神秘の武器製造術にも、苦手分野があったらしい

ケルト神話に登場するゴブニュは、神々が用いる武器の製造を担当する、鍛冶の神である。

ギリシァ神話のヘパイストスも武器製造を得意とする鍛冶の神だが、こちらは煤《すす》にまみれて黒い顔をしているなど、肉体労働をしている雰囲気がありありと漂う。それに対しゴブニュの武器製造は、その作業工程からして神秘的だ。

ゴブニュは、槌《つち》を三回振るだけで、あらゆる剣や槍を作りだすことができた。これは職人の技術というより、一種の魔法というべきであろう。実際、ゴブニュの作った武器は、必ず敵を倒すという一種の神秘の道具だった。

ただし、そんなゴブニュの魔法の生産力にも、得意不得意はあったようだ。ここでは、それがわかるエピソードを紹介しよう。

ゴブニュは、ダーナ神族とフィモール族のあいだに起きた、モイ・トゥラの二度

▲ 古代の職人の秘伝の業が魔法として伝えられたのか？

目の戦いのとき、ダーナ神族の使う武器を鍛えるために、大工の神であるルフタ、また鋳造師の神クルーニャとともに呼びだされた。

このとき、ゴブニュは槍頭や刀身の製造を担当し、ルフタが柄を、クルーニャが鋲《びょう》を担当したという。

つまり、武器の一番重要な部分を作っていたのはゴブニュなのだが、ひとつの武器すべてを担当していたわけではないのだ。細かい部分は苦手だったのだろうか？

もっとも、ダーナ神族の首領だったヌアザが、モイ・トゥラの最初の戦いで片腕を失ったとき、ゴブニュが銀の義手を作る手助けをした（84ページ）というので、ゴブニュの技術は、やはり幅広い分野におよんでいたようだ。

MAGIC

カッサンドラの予言

予言すれども運命は変えられなかった、神託の力

戦争とその末路を見通した悲運の王女

たとえ未来を予知、予言できたとしても、まったく運命に抗《あらが》えないというのなら、それは悲劇であろう。そして、古代ギリシァの叙事詩『イリアス』やギリシァ悲劇『アガメムノン』などに登場するカッサンドラの能力は、その典型といえるものだろう。

トロイア王プリアモスの娘であったカッサンドラは、太陽神アポロンに言い寄られ、その贈り物として予言の力を授けられた（別の伝承では、アポロンの神殿で蛇に耳と口をなめられて、予言の力を得たともいわれる）。

しかし彼女は、アポロンの求愛を拒絶してしまう。それに対してアポロンは、カッサンドラが正しい予言を行なっても、だれもそれを信じないという呪いをかけてしまうのだ。

彼女は、トロイアとギリシァが戦争し、その結果トロイアが敗れることを予言するが、父であるプリアモスは信じようとせず、彼女を幽閉してしまう。実際、王と

▲ 戦争の推移を予言できても、呪いによって運命は変えられなかった

しては信じたくない内容だったともいえるだろう。

彼女は戦争中、ギリシァ軍が残した木馬がワナであることも予知したのだが、やはりどうすることもできなかったのだ。

トロイアが戦争に敗れると、カッサンドラはギリシァ軍のアイアスに陵辱されてしまう。さらに、彼女はギリシァ軍の総大将だったアガメムノンに引き渡され、その側女《そばめ》にされる。

カッサンドラは、アガメムノンの妻クリュタイムネストラと、部下のアイギストスが彼を討とうとしていることを予言した。しかし、やはりアガメムノンはこの予言を聞き入れず、カッサンドラは、アガメムノンもろとも悲運の死を遂げるのである。

MAGIC

ユダヤ人の預言者が示した神威の数かず

モーセの奇蹟

神の力を借りただけ？ いや信仰心あってこその力

旧約聖書の『出エジプト記』によると、ユダヤ教の神ヤハウェは、ユダヤ人たちをエジプト王のもとから出立させるために、預言者モーセに数かずの力を与えたとされる。

モーセは神の言葉を聞くことができ、彼とその兄弟のアロンが、神の言葉どおりに杖をふるうと、ナイル川の水は血に変わり、川の魚は死に絶えた。しかし、それでもエジプト王は、ユダヤ人がエジプトから出てゆくことを許さなかった。

そこで、さらにモーセが杖をふるうと、エジプトの地はカエルまみれになったり、天から雷や雹《ひょう》が降ったり、ブヨやイナゴの大群に襲われ、さらには、エジプト全土が三日間にわたって暗闇に覆われてしまったのだ。

ついにエジプト王はユダヤ人の出立を認め、ユダヤ人たちは約束の地パレスチナへ向かった。だが、話はこれだけでは終わらない。ユダヤ人たちが紅海まで来たと

▲ 海に道を創りだすモーセ。まさに神に選ばれし者の力だ

ころで、エジプト軍が追ってきたのである。

モーセが神の言葉どおりに海に杖をかざすと、東風が吹いて海が退き道が現われ、モーセたちはそこを進んだ。しかし、彼らを追ったエジプト軍は海に飲みこまれてしまうのだ。

モーセは神の言葉を民に伝える預言者だが、修業を積んで預言者となったわけではない。彼は、神から選ばれたのだ。モーセのふるった力も、正確には神の力なのであって、モーセの力ではない。

だが、モーセが神に選ばれたのは、忍耐強く試練に耐え、同胞を思いやる心が強かったからだろう。その意味では、モーセの起こした奇蹟は、やはりモーセの心の力の賜物といえそうだ。

広大な大陸も数日で横断できる健脚術

戴宗《たいそう》の神行法《しんこうほう》

長距離歩行を補助するだけでなく、強制的に歩かせることも

戴宗も、公孫勝《こうそんしょう》（42ページ）と同じく、『水滸伝《すいこでん》』に登場する梁山泊《りょうざんぱく》に集まった百八人の好漢のひとりである。

戴宗は、もとは江州の牢役人をしていた男で、「神行太保《しんこうたいほう》」の異名を持ち、梁山泊では第二十位の席次にある。

『水滸伝』の登場人物たちは、広大な中国大陸をよく移動している。移動手段といえば徒歩かせいぜい馬、あるいは船という時代だ、普通に移動していては、どこへ行くのにも何日もかかってしまう。そこで戴宗の能力がものをいう。

戴宗は、神行の術というものを身につけていた。これは甲馬《こうば》という二枚のお札を足にくくりつけて呪文を唱えると、一日に五百里（約二百キロメートル）を、お札四枚でなら八百里（約三百キロメートル）を軽々と踏破できる、というものだ。

この術は、42ページでも触れたように、高廉《こうれん》という妖術使いに梁山泊の好漢たち

MAGIC

▲ 伝令に探索にと、梁山泊のため多用された神行法

が脅かされ、公孫勝を探して呼び戻すときにも使われた。

この神行法は、同じ移動術でも、あくまで二本の足を使って歩くことを補助するという意味で、縮地法（２６３ページ）とは性格が異なる。

戴宗は、ほかの人間にもこの神行法を施すことができ、しかも速度や距離といった効果を調節できた。

戴宗は、移動中に仲間の李逵《りき》が自分に隠れて食事していたので、ちょっと懲《こ》らしめようと思い、李逵にこの術をかけた。すると李逵は、術の効果が切れるまで止まることができず、すっかり空腹になってしまったという。

疲れなく歩き続けられるのはよいが、強制的に歩かされるというのは大変なものだろう。

MAGIC

壺《こ》中《ちゅう》天《てん》の仙術

自分だけの小世界を作る術

究極の引きこもりライフを可能にする仙術

『後漢書』『神仙伝』などに登場する壺公《ここう》という仙人は、壺の中に入りこむ術を身につけていた。もちろんこれは、サーカスの曲芸師のように体が柔軟という意味ではない。なんと、壺の中に一個の天地、つまり自分だけの小世界を作っていたのである。

壺公はふだん、町の市場で薬売りをしていた。あるとき、役人の費長房《ひちょうぼう》は、市が終わった後、壺公が店頭につるした壺の中に飛びこんで、消えてしまうのを目撃する。

費長房は壺公に礼を尽くして親しくなり、壺の中に招いてもらった。そこには、楼閣や豪華な門を備えた仙宮があり、何十人もの使用人がいた。さらに、壺公から出された酒器は、いくら飲んでも酒が尽きなかったという。

費長房は、妻子に対して自分は死んだように見せかけ、人里を去って壺公に弟子

▲ なんの変哲もない壺の中に、じつは広々とした桃源郷が？

入りして仙術を学んだ。

しかし、壺の中に小世界を作る術はよほど難しかったのか、長寿と使鬼の術までしか身につけられず、妻子のもとへ帰ったという。

壺公の仙術を使えば、いわば究極の引きこもりライフが実現可能だ。しかし、壺公は、自分のためのみに仙術を使う仙人ではなかった。

壺公の売る薬は万病に効き、しかも客しだいで値をつり上げる掛け値売りをせず、また、その売上げはことごとく貧者にほどこしたという。

壺公の仙術は、人徳ゆえになせる技だったのだろうか？　そう考えると、壺公は、妻子のいる費長房は現実世界で働くべきだと考え、あえて仙術の奥義を教えなかったのかもしれない。

MAGIC

空海の法力

竜を呼びだし天候を操る、密教の秘儀

平安の世に数かずの伝説を残した名僧の奇跡

日本における仏教の一宗派、真言宗の開祖である空海（弘法大師）は、さまざまな法力を示したと伝えられる。

『今昔物語《こんじゃくものがたり》』に記された有名な伝承では、空海が活躍したころ、山階寺《やましなでら》に修円僧《しゅうえんそう》都《ず》という高僧がいた。彼は、ときの嵯峨《さが》天皇の目の前で、火も起こさずに法力で栗を茹《ゆ》でてみせたのだという。しかし後日、空海が同席して法力封じをすると、修円僧都はまったく栗を茹でることができなかった。

空海との法力くらべに敗れた修円僧都はすっかり空海を恨み、両者は呪詛《じゅそ》合戦をはじめる。そして結局、修円僧都のほうが倒れたという。

お坊さんが人を呪い殺すというのも物騒な話だ。だがそのいっぽうで、京都に干ばつが続いた時期、空海が請雨の加持祈禱《かじきとう》を行なって雨を降らせたエピソードも有名なものだ。

▲ 多芸の僧として知られる空海は、竜をも操ったという

このときは、空海と敵対関係にあった守敏《しゅびん》法師《ほうし》という高僧が、日本じゅうの竜、つまり水神をビンに閉じこめてしまった。しかし空海は、京都にある神泉苑の池から、天竺（インド）に住む善如《ぜんにょ》竜王《りゅうおう》を呼びだして雨を降らせたという。

また、日本各地に空海が杖を突くと水が湧き出たという伝説が残っている。これは、実際に空海が多くの潅漑《かんがい》事業を指揮したことから生まれた話でもある。空海の法力とは、あえていえば自然操作術といえそうだ。

空海は、修行を積めば人は生きながらにして仏になれると説いた。しかし、後代に日本を訪れたキリスト教宣教師には、空海はまるで魔術師のように見えたという。

MAGIC

久米《くめ》仙人の神通力

天空を駆け、大量の木材をいっきに運んだ仙術

仙人も世俗の欲を捨てきれなかった、と思いきや……？

空を飛ぶ術に関する話は古来から世界各地にあるが、『今昔物語《こんじゃくものがたり》』に記されている、大和国《やまとのくに》の竜門寺《りゅうもんじ》に住む久米仙人のエピソードはなかなかユニークだ。

伝えられている話によると、久米仙人は、修行を積んで空を飛ぶ神通力を身につけていたという。

久米はあるとき空を飛んでいて、吉野川の岸で若い女性が着物を洗うために裾《すそ》をまくって足を出している姿を見かけた。彼はその白いふくらはぎを見ているうちに、うっかり欲情して墜落してしまったという。仙人にしては、かなり情けない話であろう。

その後、久米はその女性を妻としていっしょに暮らすようになったが、仙人の神通力を失って普通の人間に戻ってしまった。一般に、仙人になるには世俗の欲を捨てなければならないとなっているから、これは無理もない話だ。

▲ 仙人も空から落ちる？ 考えようによってはほほえましい久米仙人

また、久米仙人のエピソードはほかにもこんなものがある。

ある時、大和国の高市郡《たかちのこおり》というところで都の造成が始まり、久米も人夫として動員された。

そこで、久米が仙人だったと聞いた役人が、冗談めかして「神通力で木材を運んでくれればありがたいのに」と言ったところ、久米は「やってみましょう」とうけおった。

久米が断食して七日七夜の礼拝を行なったところ、八日目の朝、突然に天が暗闇に覆われ、それが晴れたかと思うと、南の山から大量の材木が都の造成地に向かって飛んでいったという。

一度は引退したとはいえ、久米仙人が重ねた往年の修行の成果は、伊達《だて》ではなかったようだ。

ITEM

魔法の大釜

無限の豊穣をもたらす、ケルト原初の秘宝

ケルト神話では、ダーナ神族が最初にアイルランドの地に上陸したとき、彼らは四つの秘宝を持ってきたと伝えられている。そのなかで、もっとも多機能なアイテムといえるのがダグダの大釜だ。

ダグダは豊穣の神であり、彼の大釜は、無限に食料を供給するアイテムだった。それもそのはず、この大釜は、地下の別の世界に通じていたともいわれている。

豊穣の大釜は、死んだ戦士の生命を蘇らせる

ダグダの大釜をはじめとする四つの秘宝は、ダーナ神族の故郷の北海の島々の四つの町から、アイルランドの地へ持ちこまれた。

ダグダの大釜は、最初のドルイド僧が住んでいたというムリアスの町から、ほかに、ファリアスの町からは聖なる石リア・ファル、ファンディアスの町からはヌアザの剣、ゴリアスの町からはルーの大槍が、それぞれ持ちこまれている。

◀ 戦士を蘇らせ豊穣と知性をもたらす、じつに大きな釜だ

ちなみに、リア・ファルは、王の戴冠式のときに正統な王が玉座に就くと叫び声をあげるといわれ、「運命の石」の別名をもつ。ヌアザの剣、ルーの大槍は、それぞれねらった敵を必ず倒す必殺の武器だった。

ダグダは、大釜のほかに、もうひとつの道具として大きな棍棒を持っていた。これは一ふりで九人の戦士を殺せるが、またそれを生き返らせる力があった。この性格が引き継がれたのか、ケルト神話のなかでは、大釜は、死んだ戦士をこの釜で煮れば復活するという再生のアイテムとしても登場する。

ウェールズ地方の伝承を収めた物語集『マビノギ』のあるエピソードでは、ウェールズの姫ブランウェンに求婚したアイルランド王マソルークに、ブランウェンの兄ブランが、死んだ戦士を蘇らせる大釜を贈っている。

なお、ブランはマソルークに対して、この大釜はもともとアイルランドから来たラサルという人物から手に入れたものだと語っていた。ところがその後、結婚後のブランウェンの待遇をめぐってアイルランドとウェールズは戦争になり、皮肉なことに、アイルランド側は死んだ戦士を何度でも復活させられるため、ウェールズは苦戦することになるのだ。

ただし、この大釜から復活した戦士は口がきけなかった。生命自体の再生はできても、人生経験でつちかった言葉（知性）の再生はできなかったようだ。

知恵や未来を見通す力も与える、魔女の大釜

　またケルトの伝承では、大釜は知性や霊感を身につけたり、予言の力を生みだすアイテムとしても描かれる。実際、大釜をもたらしたとされるダグダは、多くの性格をもつ神で、豊穣の神、死と再生の神であると同時に、知恵の神でもあった。

　ウェールズの別の伝承では、湖に浮かぶ島に住む一族にケリドゥエンという女がいた。彼女は、自分の子どもが上流階級で有利になれるように、魔術を研究して、知恵と霊感をもたらす大釜で、未来を見通す力を授ける秘薬を作ろうとした。

　ケリドゥエンは、一年と一日の間、大釜で薬草を煮込み、グイヨンという従者に見張らせていた。ところが、グイヨンは、沸騰した釜からはねた三滴の汁をなめてしまい、そのため偶然に未来を見通す力を身につける。この結果、グイヨンはケリドゥエンから逃げまわらねばならなくなってしまう。

　これは、ケルト神話では有名な、フィアナ騎士団の英雄フィン・マックールが、知恵の力を手に入れたエピソード（264ページ）とよく似ている。

　さて、イギリスやアイルランドには魔女の伝承も数多いが、魔女といえば思い浮かぶのが、このエピソードのように、大釜で魔法の薬草を煮るイメージだろう。キリスト教の普及以降、異端とみなされるようになった魔女の使う大釜のイメージの原形が、この古来の神話の大釜にあるのは、まずまちがいないだろう。

ITEM

賢者の石

黄金を生みだす神秘の叡智の結晶

古代から中世に研究された錬金術で、鉛などの卑《ひ》金属《きんぞく》を黄金などの貴金属に変える鍵となる物質とみなされたのが、賢者の石だった。

その外見は諸説あるが、赤色の粉末状というのが通説で、金属の変成だけでなく、万病を治癒させるなど数かずの奇跡を成しとげるといわれる。

万物の変成を司る、第五の元素とは?

錬金術は、古代のエジプトに起源をもち、ユダヤ人やイスラム教徒の多かったイベリア半島を通じて中世のヨーロッパに広まった。中世の西欧では、多くの王侯貴族が戦乱による出費に悩んだため、錬金術を研究させたといわれる。

錬金術の試行錯誤が近代以降の化学の下地を築いたことは有名だが、錬金術とはただ黄金を作りだすだけが目的ではなく、自然界の原理を解明する思想でもあり、それゆえ賢者の石は「哲学の石」とも呼ばれたのだ。

◀ その製法は、古代から科学者たちをひきつけてきた

古代のギリシァ哲学では、万物は火、水、風、土の四元素からなると考えられ、以後のヨーロッパの自然哲学思想でもこの学説が継承された。

さらに、これら四元素の作用を包括し、たとえばブドウからワインが作られるといった、目に見えない物質の変成を司る第五の元素が存在すると仮定され、賢者の石は、この第五元素を凝縮したものと考えられた。第五元素はエーテルと呼ばれる。のちの物理学では、空気中には光や電波を媒介する物質があると仮定され、それを便宜上エーテルと呼んでいた時期もある。

「天啓博士」と呼ばれた十三世紀のスペインの神学者ライムンドウス・ルルスは、ユダヤ教やイスラム教の秘儀に精通し、賢者の石を所持していたといわれる。

また、十七世紀のヨーロッパでは、薔薇《ばら》十字団という秘教結社が活動していたが、その創始者とされるクリスチャン・ローゼンクロイツも、トルコやエジプトなどを放浪して数かずの秘儀を身につけ、賢者の石を持っていたという。

十四世紀のパリにいた錬金術師ニコラ・フラメルは、この賢者の石の生成に成功して、水銀から純金を作りだした。そしてその製法を聖ジャック・ラ・プーシュリ教会の扉に記したが、その解読は難解をきわめたと伝えられている。

化学だけでなく、生命科学までを含んでいた錬金術

多くの文献で、賢者の石の材料の重要な要素とみなされたのが水銀である。水銀

は、金属でありながら常温でも流体の特性をもつため、古代から神秘視されていた。中国でも、魏晋南北朝《ぎしんなんぼくちょう》時代の道教学者である葛洪《かっこう》が、水銀を仙人になれる丹薬の材料に挙げるなど、やはり水銀は非常に神秘視されている。

水銀と並んで、賢者の石の要素、錬金術の鍵となる物質とみなされたのは硫黄《いおう》だった。硫黄は自然の火山から採取されるが、古代から、金属加工などに多用され、やはり神秘視されてきた物質である。

先にも記したとおり、錬金術は、金属化学だけでなく自然界の原理すべてに通じる学問と考えられたため、オカルト的生命科学というべきホムンクルスの生成（256ページ）も錬金術のひとつとされている。

錬金術では、異なる物質の合成は男女の結合の象徴とみなされ、水銀を女性、硫黄を男性に見立て、化学反応を物質同士の交配と隠喩した文献も多い。

また錬金術では、温度状態や化学反応による物質の色の変化が重視された。先に、賢者の石は赤色というのが通説であると書いたが、「白、赤、青、黄、緑のあらゆる色を含んだ純粋な元素」とした記述もある。

さて、現在の科学では、発酵や腐敗など有機物の目に見えない変化を起こしているのは細菌や酵素であることが判明している。しかし、こうした変成をもたらすものが第五元素なのだとすると、乳酸菌や納豆菌も第五元素の仲間ということになるのだろうか？　納豆菌が賢者の石の仲間とは、なかなか感慨深いことである。

神々の最終戦争を告げる角笛

ギャラルホルン

神々の黄昏《たそがれ》を知らせる角笛は、もとは巨人の杯《さかずき》だった

北欧神話に登場する角笛のギャラルホルンは、神々の住む天界のアースガルズと下界のあいだの虹の橋で見張りをしているヘイムダルの持ち物だ。

これはふだん、天地を貫く巨大な世界樹ユグドラシルの、もっとも奥深くに隠されている。

北欧神話であらかじめ定められている、神々と巨人族など神々に敵対する者たちとの最終戦争ラグナロクが始まるときは、ヘイムダルがこのギャラルホルンを吹き鳴らすのだという。

ギャラルホルンの音色は、神々の世界、巨人族の世界、小人族の世界、人間の世界などといった、北欧神話の「九つの世界」すべてに響きわたり、眠りについていた戦士たちも、この音で目を覚まして戦いにおもむく。

そうしてギャラルホルンの音を合図に、神々の黄昏ラグナロクがはじまると、ユ

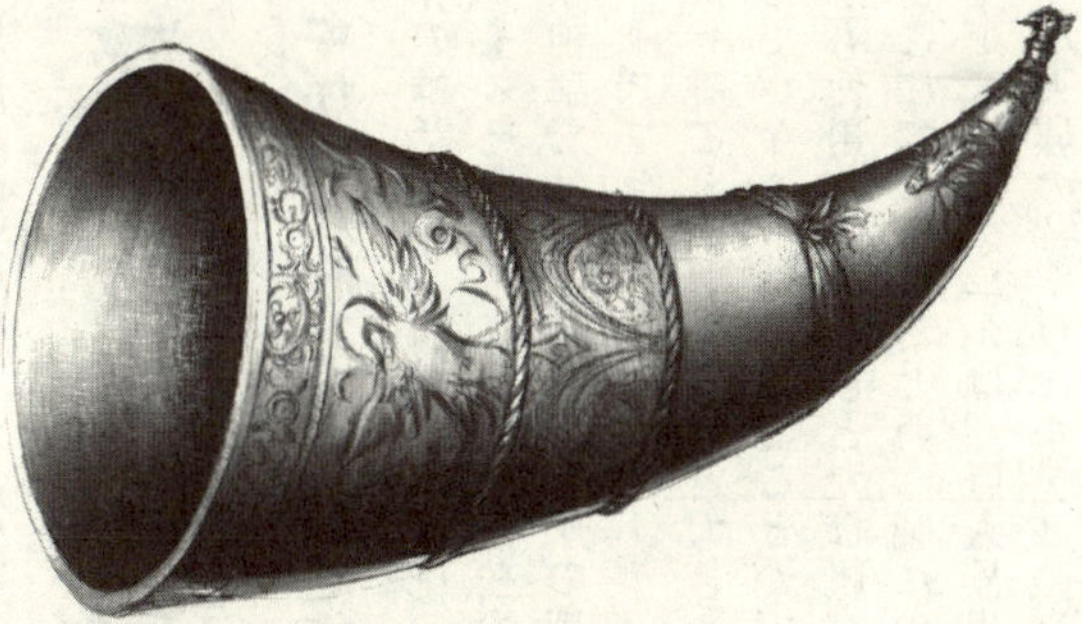

▲ 九つの世界に響きわたるとは、どんな音色だったのか？

グドラシルには火が放たれ、神々は滅びるまで戦うことになるのだ。

では、ギャラルホルンは、ラグナロクのとき以外はまったく使われないのかといえば、そういうわけでもない。

ユグドラシルの根本にある知恵の泉の主である巨人ミーミルは、この角笛を杯にして、泉の水を飲んでいたといわれる。

のちに北欧神話の最高神となるオーディンは、このミーミルの泉の水を飲むことで、神々の王となる知恵を得るのだ。

そう考えると、ギャラルホルンは、オーディンとその一族を中心に語られる北欧神話の始原と終末、その両方に深く関わる、かなり重要なアイテムといえる。

ITEM

たためばポケットに収まる、神々の船

スキーズブラズニル

ロキが小人族をだまして作らせた道具のひとつ

世界の神話や伝奇幻想文学には、『西遊記』に登場する孫悟空の如意棒など、自在にサイズを変えられる伸縮自在の道具というものが少なくない。

北欧神話では、豊穣神フレイの持つ船スキーズブラズニルが、その代表例だ。

スキーズブラズニルは、オーディンなどの神々が住むアースガルズの戦士たちを全員乗せることができるほど大きな船なのだが、使わないときは、布のように折りたたんでポケットに収めることができた。

しかも使用時には、ひとたび帆を張れば、どの方角に向けてもすぐに追い風を受け、どこにでも行けるという魔法の船だ。

スキーズブラズニルは、巨人族出身のロキが、アースガルズの神々の機嫌をとるため、小人族のイーヴァルディの息子たちに、オーディンの持つ魔法の槍グングニルなどといっしょに作らせたものだ。

▲ ポケットに入る巨艦。いつでもどこでも出航可能だ

ロキはさらに、別の小人族の職人ブロックに、「これに匹敵する道具を作れるなら、自分の頭をくれてやる」と言って、トール神の武器となる魔法の槌ミョルニルなどを作らせた。

その後、アースガルズの神々は、議論の結果、最終的にはブロックの作った道具のほうを評価したので、ロキは頭を失う危機に陥ってしまう。

しかし、ロキは「頭はやるが、そのために首を傷つけてはならない」と言ってまんまとブロックを退けた。

ブロックは不満だったが、ロキが小人をそそのかしたおかげで、宝物となる道具の数かずを手に入れた神々は、ロキの言うことを正当と認めた。

つまり、作った当人は報われなかったという、なんとも皮肉な話である。

ITEM

ニーベルンゲンの指輪

神々と人間の運命を翻弄したリング

持ち主を転々としながら、栄枯盛衰のドラマを生む

北欧神話で、ニーベルング族の小人が、ライン川に眠る黄金から作った指輪が、ニーベルンゲンの指輪だ。

ワーグナーの戯曲「ニーベルンゲンの指環」では、この指輪は、持ち主に世界を支配できるという巨大な力を与えるが、同時に、指輪の所有者には破滅をもたらすという、おそろしい呪いがかかっていた。

指輪は、小人族から、神々の王であるヴォータン（北欧神話でのオーディン）、そして巨人族の兄弟、と転々と持ち主を変えながら、数かずの争いの元凶となる。そして最後には、ヴォータンの血を引く英雄ジークフリートと、彼と結婚したワルキューレの女神ブリュンヒルデの手で、ライン川へと還されるのだ。

この話の原典となった伝承では、指輪はアンドヴァリナウトと呼ばれる。

もとは悪神ロキが小人族からまきあげたもので、持ち主の所有する黄金（財産）

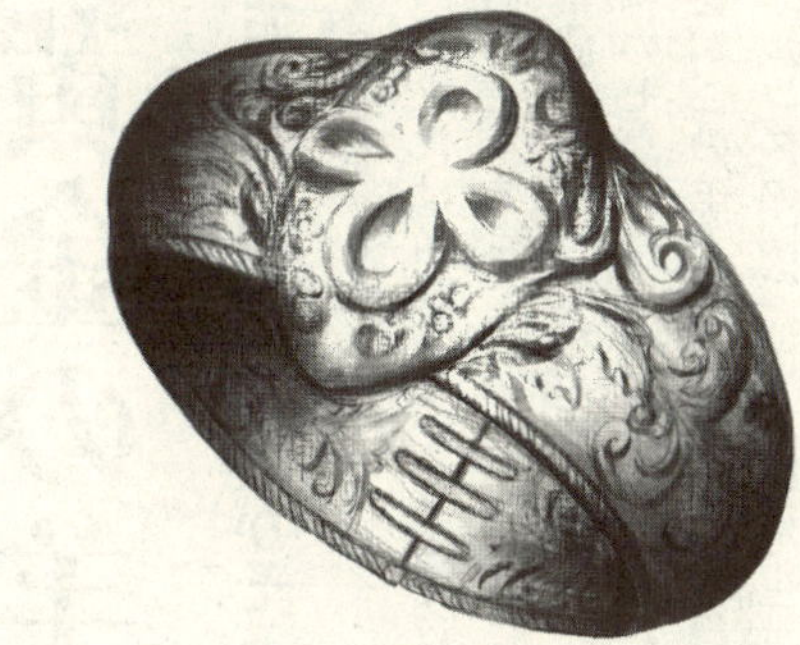

▲ 巨大な力は、数多くの神々と人間の運命を翻弄した

を自在に増やす力をもっていたが、やはり、それと同時に、持ち主に破滅をもたらす呪いがかかっていた。

この指輪は、魔人ファブニルの持ち物となるが、ファブニルは、英雄シグルス（ドイツでのジークフリート）によって討たれてしまう。

また北欧・ゲルマン神話には、同様に、偉大な力をもつ武器だが持ち主に破滅をもたらす、テュルフィング、ダインスレフといった魔剣の存在も伝わっている。

また、北欧・ゲルマン神話の最高神オーディンの力も、自らの片眼を代償に手に入れたもの（255ページ）。

偉大な力には、それ相応の代償が必要というのが、自然の摂理ということなのだろうか。

ITEM

英雄たちの探検隊が求めた、王位を象徴する秘宝

黄金の羊毛

ギリシァ屈指の英雄がそろったアルゴ号の冒険

黄金の羊毛（羊皮）は、ギリシァ神話に登場する秘宝のひとつである。その由来には諸説あり、黄金ではなく緋色《ひいろ》の羊毛という伝承もあるが、ギリシァの最高神ゼウスは、この羊毛を身につけることで天に上り、王がこの羊毛を身につけて儀式を行なうと雨を降らすことができたともいわれる。

雷神のゼウスは、雨の恵みをもたらすゆえに神々の王として崇《あが》められた。そう考えると、この羊毛はゼウスの力を得られる秘宝ともいえる。

イオルコスの国では、かつて生贄《いけにえ》にされかけた王子プリクソスが、黄金の羊に乗ってコルキスに逃れ、以後、この羊の皮はコルキスの秘宝になったと伝えられている。イオルコスの王ペリアスは、神託を受けて、プリクソスの呪いを除くために、王家の血を引くイアソンに、この黄金の羊毛を持ち帰れば王位を譲ってやろうと約束する。

▲ 秘宝のための試練自体が、アルゴ号の旅の目的だった？

　こうしてイアソンは、大型船アルゴ号を建造させ、英雄ヘラクレスや楽士オルペウスなど、数かずの乗組員とともに、黄金の羊毛を得るための冒険に出発した。

　その後イアソンは、数かずの試練を経て、コルキスの地で王女メディアと恋に落ちる。そして彼女の助けによって、ついに森のなかの竜が守る黄金の羊毛を持ち帰ることになる。

　しかし、彼がのちにメディアを捨ててしまい、そのために悲惨かつ悲運な結末を迎えることは、すでにメディアの項（２０６ページ）で紹介してきたとおりだ。

　英雄のイアソンも、宝や王位ばかりでなく、女心も大事にしなかったのは、減点対象といえるようだ。

天空を自在に駆ける快速シューズ

タラリア

ITEM

神々の伝令が授かった道具のひとつ

タラリアは、ギリシァ神話に登場する黄金の翼が生えた靴で、これをはくと、鷲《わし》よりも速いというスピードで空を飛ぶことができる。

これは怪物メドゥサ（36ページ）を退治した英雄ペルセウスが持っていた道具のひとつで、神々の伝令ヘルメスから、曲刀のハルペーとセットで貸し与えられたものだ（海のニンフから貸し与えられたとする説もある）。

ヘルメスは、生まれてすぐにアポロンの牛を盗んだかと思うと、竪琴《たてごと》を発明して流暢《りゅうちょう》に演奏し、のちにはアルファベットや天文学を発明し、いっぽうで巨人アルゴスを退治するなど多芸多才の神だった。そのためか、ヘルメスは持ち物が非常に多いのだ。

彼は、タラリアだけでなく、雨をしのぐ翼の生えたつば広の帽子、また神々の伝令のシンボルである、先端で二匹のヘビがからみ合った杖、ケリュケイオンをもっ

▲ 自在に天を駆けられるかは、はいた人間の力量しだい？

ていた。

ちなみに古代のギリシァでは、戦争のときケリュケイオンと同じ形の杖を持つものは、戦闘員ではなく伝令とみなされ、攻撃されることはなかったという。

ヘルメスの持ち物はすべて、ギリシァの最高神ゼウスが、生まれて間もないヘルメスがみごとにアポロンを出し抜いたことで彼の実力を認め、神々の伝令を命じたときに授けたものなのである。

そう考えると、タラリアはそうそうだれでも使いこなせるものではなかったのかも知れない。

ヘルメスは、ペルセウスをただ者ではない英雄と見込んで、タラリアを貸し与えたのだろう。

ITEM

天使ラジエルの書

天地創造にまつわる神秘が記された書物

天使から預言者の末裔《まつえい》たちに引き継がれた本

ユダヤ・キリスト教の伝承に登場する、世界最初の書物。神の秘密の知識を司る天使ラジエルによって天使文字で書かれたもので、天地創造にまつわる神秘のすべてが記されており、サファイアでできていたとも伝えられている。

この書物は、ラジエルから、神が創った最初の人間アダムに与えられた。

ラジエルの書には、ほかの天使には教えられていない千五百もの秘密の知識が書かれていたが、アダムはそれをだれにも明かさないように命じられていた。知識とは、それを秘密にすることによってこそ価値が守られる性質をもつのだ。

しかし、ラジエルの書はアダムがエデンの園を去ったときに失われた。アダムが知識を独占することを妬《ねた》んだ天使によって奪われ、海に捨てられたともいわれる。

その後、この書物は天使ラファエルによって回収されてふたたびアダムに与えられ、アダムの子孫エノクに引き継がれた。エノクはラジエルの書の知識をもとに、

▲ 楽園追放や大洪水を超えて伝えられたといわれる書物

聖書の外典として現在も伝わっているエノク書を記したという。

ラジエルの書は、さらにノアに引き継がれ、ノアはこの書物の知識をもとに箱舟を築いているのである。

それからこの書物は、イスラエルのソロモン王（194ページ）の手にわたり、彼に魔法の知識を与えたという。

その後、ラジエルの書の原本は失われたとされているが、十三世紀以降に書かれた写本のいくつかは、いまも存在している。

そこには、さまざまな天使や悪魔の名前と役割のほか、魔除けの呪文などが記され、多くの魔術師によって研究の対象となってきた。また、ラジエルの書の写本は、所持しているだけで、火災を防ぐといわれている。

ITEM

天命の書版

言葉ですべてを支配する力を与える道具

万能の力とはいえ、だれにでも使いこなせるものではない？

メソポタミア神話に登場する天命の書版は、これを持つ者に万物を言葉の力で支配する力を与える、いわば言霊具現装置ともいうべき道具だ。

メソポタミア神話での原初の母神ティアマトは、自分が生みだした神々のひとりであるマルドゥクに脅かされたため、数かずの怪物を生みだした。またさらに、息子のひとりであるキングに天命の書版を与えて、マルドゥクを討つ軍勢の総司令官にさせた。

しかし、マルドゥクは、ほかの神々を味方につけてティアマトとキングを倒し、自分の実力で天命の書板を我が物にして天地を創造した。どうやら、母親に忠実なキングは、天命の書版を手にする器ではなかったようである。

その後、天命の書板は神殿に納められた。鳥の姿をした神アンズーは、この神殿を守護する者だったが、自分が万物の支配者となる野望を抱き、あるとき天命の書

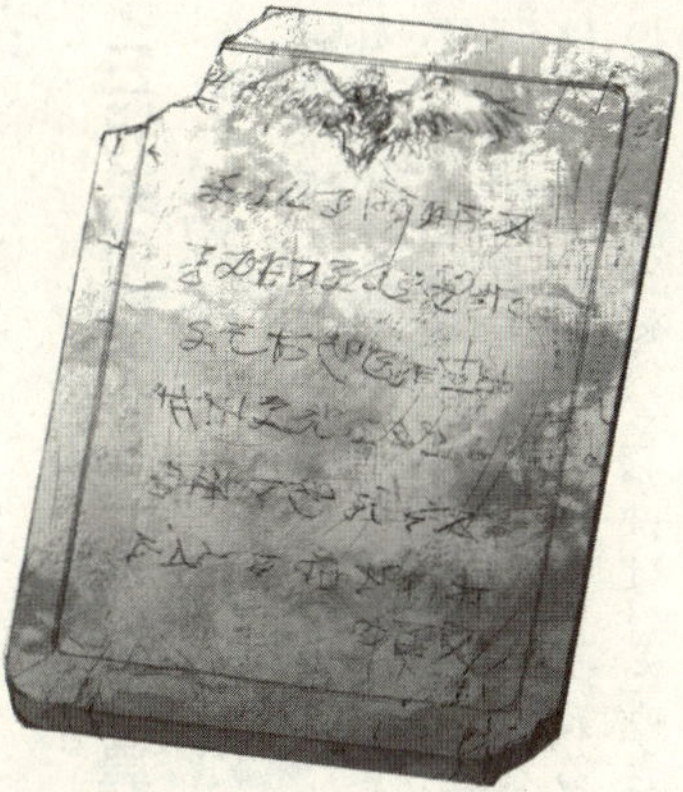

▲ 言葉こそが、万物を支配すると考えられた

版を奪って故郷の聖峰へと持ち去ってしまう。

多くの神が、天命の書版を手にし、敵を軽々と粘土に変えてしまうアンズーをおそれた。だが七つの風の武器を操るニンギルス神が、天命の書版の奪還に立ちあがる。

ところが、ニンギルスがいくらアンズーに矢を放っても、天命の書版を手にしたアンズーが「矢よ元に戻れ」と命じるので、矢は飛ばずに元に戻ってしまった。

さすがのニンギルスもくじけかけたが、ほかの神々の協力を得て、最終的にはアンズーを倒し、書版を奪回することに成功した。

略奪者アンズーも、天命の書版を使いこなせる器ではなかったようだ。

中東の伝承に登場する、神秘の飛行アイテム

空飛ぶじゅうたん

ITEM

三兄弟の協力で、三つの道具が姫を救う物語

空飛ぶじゅうたんは、中東の伝承に登場する有名なアイテムだ。

とある国に、ホサイン、アリー、アフマッドという三人の王子がいた。彼らは、従妹であるヌーロニハールという姫にひかれ、父である王は、三人の王子に、世界でもっともめずらしい宝物を持ち帰った者を姫と結婚させると告げた。

三人の王子は旅に出かけ、長男ホサインは空飛ぶ魔法のじゅうたんを、次男アリーは、どこでも見たいものを見られる望遠鏡を、三男アフマッドは、どんな死にかけの人間でも、匂いをかげば息を吹き返すリンゴを手に入れた。

三人が落ちあったところで、次男アリーの持つ望遠鏡をのぞくと、ヌーロニハール姫は病で死に瀕しているではないか。そこで三人は、長男ホサインのじゅうたんで姫のもとへ駆けつけ、三男アフマッドのリンゴで姫の命を救ったという。

以上の物語は、『千夜一夜物語』を西洋に紹介したフランス人ガランの翻訳で有

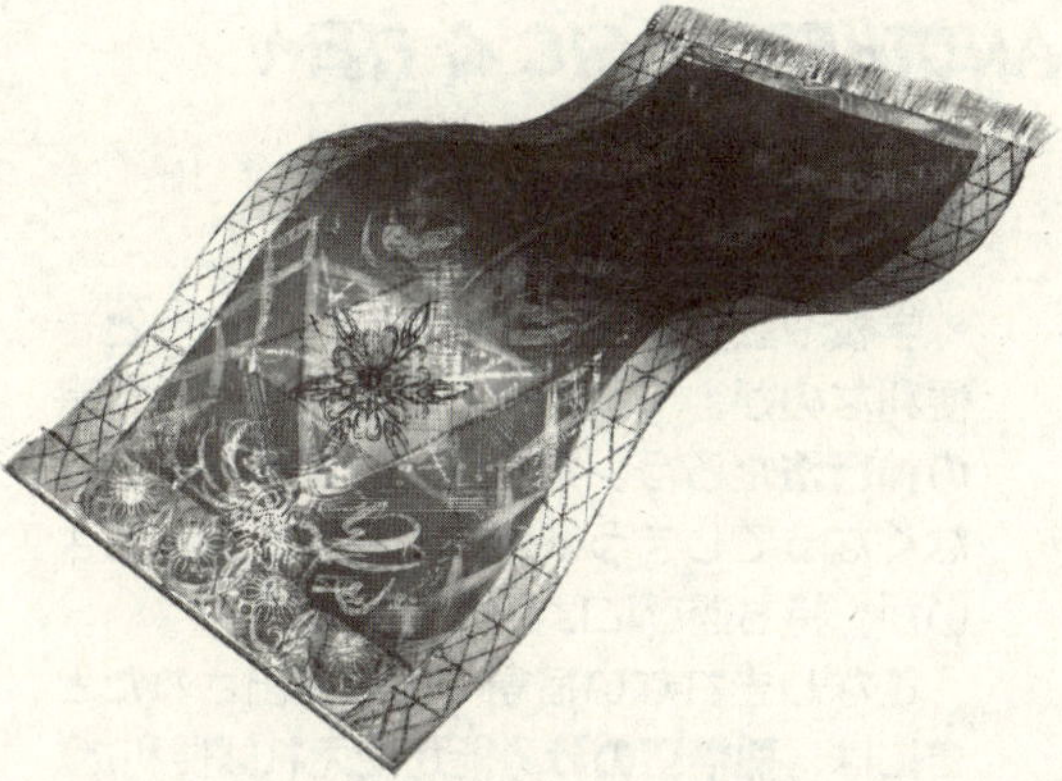

▲ 中東のバザールには、いまもこのじゅうたんが眠っているかも？

名なエピソードだが、じつは本来は『千夜一夜物語』には含まれていない。ガランが『千夜一夜物語』に収めた話では、その後、三人の王子が弓で勝負した結果、姫は次男アリーのものとなり、長男ホサインは出家僧になり、三男アフマッドはパリ・バヌーという妖精と出会って冒険を続ける。

ちなみにトルコには、この物語の前半部分とほぼ同じ伝承がある。そちらでは、望遠鏡は遠くの景色を映す鏡、りんごはシトロンとなっているが、魔法のじゅうたんだけは同じだ。

そしてこの話では、姫を手にするのはシトロンを手に入れた三男である。これは、ほかのふたつのアイテムとちがい、シトロンだけは、一度しか使えない宝だったからだそうな。

ANOTHER MAGIC & ITEM

一長一短の魔法ライフ

学校や会社に遅刻ギリギリ、というとき便利なのが、千里の道も軽々と走れる**戴宗の神行法**だろう。だが、まちがうと止まれなくなってしまう。**空飛ぶじゅうたん**もよいが、持ち運びには困りそうだ。

こなしきれない宿題や仕事が出されたときには、**孫悟空の分身術**が使えれば便利だ。

ただし、分身のサイズや性能はバラバラというのはちょっと頼りない。**ソロモン王**のように悪魔を働かせる手もあるが、悪魔も信用できるかは場合によりけりだ。

いっそ学校も会社も辞めて引きこもり生活を送りたくなったなら、**壺中天の仙術**が一番だろう。しかし、これを身につけるには相当の修業が必要のようだ。

このように、魔法というのは、便利なのだが、ひとクセもふたクセもあるものが少なくない。もっとも、それは文明の利器も同じか？

魔法とアイテムの歴史

魔術師の歴史と世界の文明
現代にも伝わる魔法の息吹

魔術は、人類の歴史が始まる以前から存在し、幾多の文明を経て、さまざまな形で現代に伝え続けられているのである。

❋「マジック」の語源は、ペルシアの神官・マギだった

現在、魔術と呼ばれているものは、人類の歴史が始まる前からこの世にあったといっていいだろう。

有史以前、私たちの祖先の多くは、自然界のあらゆるものに宿る精霊の存在を信じる、原始的な信仰をもっていた。そしてそれぞれの共同体には、このような精霊との意思の疎通を司った、シャーマンと呼ばれる呪術師がいた。

シャーマンは後の宗教における神官のルーツであるととも

に、ある意味では魔術の使い手でもあった。彼らは大地や森、そして空の声を聞き、それを人びとやその指導者に伝えることで、一族の意思統一を図り、団結させていたのだ。

時代が下り農耕が始まると、収穫を左右する季節や天候をくわしく知る必要が生まれた。そのため天体の観測と暦の作成が行なわれ、こうした技術に長けた人物が尊敬を集め、やがて人びとを治める政治の中心に位置するようになった。

これらの技術と古来より伝わるシャーマニズムが結びつくことで、天空や大地といった自然は「神」として神格化され、それと人びととを結びつける神官が誕生したのである。

西洋においては、古くから文明の栄えたエジプトとメソポタミアで、このような神官階級が発達した。エジプトでは王であるファラオ自身が神の声を聞く魔術師として君臨し、ペルシアでは「マギ」と呼ばれるゾロアスター教の神官が暦を作り収穫の吉凶を占った。

このペルシアのマギこそ、魔術を意味する英単語「マジック」の語源にほかならない。

❁キリスト教が異端とした存在が、魔術と結びつく

紀元一世紀にローマ帝国内でキリスト教が誕生してから、ヨーロッパの魔術の歴史は大きく変化することとなった。

聖書には、イエス・キリストの生誕を祝福するためにやってくる「東方の三賢者」、そしてイエスから魔術を買おうとしたというサマリア人の魔術師が登場する。これらの賢者あるいは魔術師は、聖書の中では「マギ」と呼ばれていた。もちろん、前述したゾロアスター教の神官を意味する言葉だ。

この言葉が聖書に書かれたことによって、後の西欧世界では「マギ」あるいは「マジシャン」が、魔術師を指すものとして用いられるようになったのだろう。

さて、イエスの死から数百年のあいだにキリスト教はヨーロ

ッパ全土に広まる。すると、聖職者のあいだでは教義のちがいや教会組織内での権力争いによる対立が頻繁に生じた。

彼らはときおり公会議と呼ばれる集会を開き、いずれの教義を正統とするかを決定した。そして正統ではない教義を異端とし、それを信じるものを異端者として迫害したのである。

キリスト教によって異端とされたのは、教義を異にするものたちだけではない。キリスト教が伝わる以前、ヨーロッパ各地では、ケルト人やゲルマン人が古代メソポタミア文明のように、シャーマニズムから発展した彼ら自身の神々を信仰していた。キリスト教は、布教の邪魔になるこれらの神々をも異端とし、その神々は悪魔で、神官は邪教の魔術師であると断じた。

中世の騎士文学のひとつ『アーサー王伝説』に登場する、魔法使いマーリンのイメージは、キリスト以前のケルト社会における神官的存在だった、ドルイドをもとにしているといわれる。

伝説ではマーリンは王国の未来を予知し、魔力によって王のために城を築き、変身の術を使ったり竜の息を吐くなど、さまざまな魔法を使ってみせる。

こうした魔術師像は、中世ヨーロッパにおける古代社会への憧憬《しょうけい》と、キリスト教によって植えつけられた異端の魔術という固定概念が混ざりあったものだといえるだろう。

そしてこのとき生まれたマーリンのイメージは、のちの西欧幻想文学のなかに登場する魔術師に反映され、今日私たちがイメージする「魔法使い」の原型となったのである。

❁科学と魔術のはざまで生まれたのが、錬金術だった

人類は、科学という言葉がまだないころから、呪術や儀式を通して天体観測や医療の技術を発展させてきた。それらが科学として理論的に説明可能なものとされるまでには長い年月がかかったが、ヨーロッパではおおむね十五世紀から十八世紀にかけて、学問としての科学が一定の市民権を得るようになった。

　こうしたなか、発展途上の科学の歴史において、学問と魔術のはざまともいうべき、定義のあいまいな技術がさかんに試みられた。その典型的な例が、錬金術である。

　錬金術とは、合成することのできない稀少金属である「金」を、なにか別のものから生みだす技術のことだ。ルネッサンスのころからこのような金の生成、あるいは人造人間の創造といった妖しげな術を試みる錬金術師があいついで登場した。

　十五世紀の終わりにスイスで生まれたパラケルススは、従来の医療の枠にとらわれず、ジプシーなどの間に伝わっていた民間療法を科学的に検証したり、鉱物や化学物質の医術への効能を研究したりして、一定の効果をあげた。

　当時の人びとは、そんな彼をも錬金術師と呼んだ。これはだれかが科学的なことを行なっても、それを理解しない人から魔法使い扱いされるという事例の典型といえるかも知れない。

　異端狩りの横行した中世ヨーロッパでは、多くの科学者がこのような無理解によって魔法使いとみなされ、苛酷な「魔女狩り」や「異端審問」で命を落としたのである。

❁密教と陰陽道《おんみょうどう》、そして未来を占った中南米の支配者たち

さて、一神教であるキリスト教の到来が比較的遅かったアジアでは、異なる宗教同士の対立や争いはあったものの、民族古来の宗教や儀式が、ひとつの神によって淘汰されるということはなかった。

そんななか、仏教の一宗派である密教では、世界を大陸や惑星といった物理的地図としてではなく、精神的成熟度によって人びとの住む階層が異なる「須弥山《しゅみせん》」という巨大な山や、無数の仏たちがモザイクのように世界を形成する、マンダラとしてとらえていた。密教はインドではその後廃《すた》れたが、中国を経てチベットや日本へと伝わり、現在まで信仰を集め続けている。

密教は、宗教的な儀式をあまり公にしなかったため、「秘密

の教え」という意味でそう呼ばれたのだが、その秘儀には生きたまま墓に入り自らミイラになるという「即身仏」をはじめ、宗派によってさまざまなものがある。真言宗の空海は、全国各地を回って杖で地面を突き、温泉を湧かせたという。

また日本では密教のほかに、陰陽道と呼ばれる術も伝わってきた。陰陽道はそもそも中国における陰陽《いんよう》五《ご》行説《ぎょうせつ》という自然哲学をもとにしているが、日本では暦や天体観測、占いなどを行なう古代メソポタミアの魔術師のような存在であった。

なかでも陰陽師《おんみょうじ》の安倍晴明《あべのせいめい》は、そのすぐれた業績から『今《こん》昔物語《じゃくものがたり》』などで超人扱いされ、「葛《くず》の葉という名の狐を母に持つ」「手も触れずにカエルをつぶした」といった逸話が語られることとなった。

他方、十六世紀にスペイン人によって征服されるまで、他地域との接触があまりなかった中南米では、六世紀前後から発展した独自の文明が続いていた。こうした民族はおもにアジアからシベリア、北アメリカを経て移動してきたと考えられている。

彼らも、メソポタミアやエジプトの古代文明と同様に、正確な天体観測を行ない複雑な暦をもっていた。そしてその暦をもとにして作物を植えるとともに、支配者は未来を占っていた。

スペイン人がやってくる前、中央アメリカを最後に支配していたアステカ文明の王モクテスマは、コルテス率いるスペイン人の到来を暦が告げる「終末の時」と結びつけ、自ら抵抗を放棄して滅びの道を進んだのであった。

二十一世紀に残る、魔術と魔術的なものたち

二十世紀以降、学校制度の普及などにより教育程度が高まり、魔術の存在を盲目的に信じる人の数は少なくなった。

とはいえ、現代でもさまざまな宗教組織が行なっている儀式や修行をはじめ、霊媒師などの降霊術、土地の吉凶を占う風水、

目に見えない人の心やオーラを見るというスピリチュアリズム、さらに一般に超能力と呼ばれる特殊な技などがあり、「魔術的」なものはけっして廃れたわけではない。「星占い」、つまり占星術も、雑誌やテレビなどで毎日見ることができる。

そして、現代でこのような魔術を実践してきた人びとのなかでももっとも有名なのが、アレイスター・クロウリーだろう。クロウリーは、ヨーロッパの神秘主義を信じる魔術結社であった「黄金の夜明け錬金術協会」に加わり、薬物使用と性的興奮による精神的高揚が生命の誕生に神秘的な力をもたらすと唱えて、スキャンダラスな儀式を行なったことで知られる。

◆　◆　◆

人類は科学の発達とともに魔術を捨てさり、あるいは忘れてきた。しかし、この世に知識ではうかがうことのできない謎が存在しつづける限り、われわれの社会から魔術、あるいは少なくとも魔術的なものが消えさる日は、まだこないであろう。

主要参考文献

『世界神話事典』 大林太良、伊藤清司、吉田敦彦、松村一男編　角川選書

『世界神話辞典』 アーサー・コッテレル著　左近司祥子、宮元啓一、瀬戸井厚子、伊藤克巳、山口拓夢訳　柏書房

『ヴィジュアル版ラルース 世界の神々・神話百科』 フェルナン・コント著　蔵持不三也訳　原書房

『ヴィジュアル版 世界の神話百科 ギリシア・ローマ／ケルト／北欧』 アーサー・コットレル著　松村一男、蔵持不三也、米原まり子訳　原書房

『ヴィジュアル版 世界の神話百科 東洋編』 レイチェル・ストーム著　山本史郎、山本泰子訳　原書房

『世界の怪物・神獣事典』 キャロル・ローズ著　松村一男監訳　原書房

『総解説 世界の宗教』 自由国民社

『総解説 聖書の世界』 自由国民社

『天使辞典』 グスタフ・デイヴィッドスン著　吉永進一監訳　創元社

『天使の辞典』 ジョン・ロナー著　鏡リュウジ、宇佐和通訳　柏書房

『図説天使と精霊の事典』 ローズマリ・エレン・グィリー著　大出健訳　原書房

『図説天使百科事典』 ローズマリ・エレン・グィリー著　大出健訳　原書房

『キリスト教百科事典』 小林珍雄編　エンデルレ書店

『古代秘教の本 太古神話に隠された謎の秘儀と宗教』 学習研究社

『甦る秘宝』 稲葉義明、F.E.A.R.著　新紀元社

『魔法の道具屋』 Truth In Fantasy編集部、知識計画編著　新紀元社

『魔法の薬』 秦野啓、司馬炳介著　新紀元社

『魔法事典』 山北篤著　新紀元社

『魔法・魔術』 山北篤著　新紀元社

『魔導具事典』 山北篤監修　新紀元社

『英雄列伝』 鏡たか子著　新紀元社

『聖剣伝説』 佐藤俊之、F.E.A.R.著　新紀元社

『幻想動物事典』 草野巧著　新紀元社

『夢の宇宙誌』 澁澤龍彦著　河出文庫

『魔法の眼鏡』 種村季弘著　河出書房新社

『錬金術とカバラ』 ゲルショム・ショーレム著　徳永恂、波田節夫、春山清純、柴嵜雅子訳　作品社

『ヨーロッパの神話伝説』 ジャックリーン・シンプソン著　橋本槙矩訳　青土社

『ギリシア・ローマ神話事典』 マイケル・グラント、ジョン・ヘイゼル著　西田実、入江和生、木宮直仁、中道子、丹羽隆子訳　大修館書店

『ギリシア神話物語事典』 バーナード・エヴスリン著　小林稔訳　原書房

『医神アスクレピオス』 カール・ケレーニイ著　岡田素之訳　白水社

『世界の民話 イギリス』 小沢俊夫編　川端豊彦訳　ぎょうせい

『クレティアン・ド・トロワ 獅子の騎士 フランスのアーサー王物語』 菊池淑子著　平凡社

『図説 アーサー王百科』 クリストファー・スナイダー著　山本史郎訳　原書房

『アーサー王と中世騎士団』 ジョン・マシューズ著　本村凌二監修　原書房

『図説 アーサー王伝説事典』 ローナン・コグラン著　山本史郎訳　原書房

『アーサー王伝説』 アンヌ・ベルトゥロ著　村上伸子訳　松村剛監修　創元社

『サー・ガウェインと緑の騎士』J・R・R・トールキン著　山本史郎訳　原書房
『北欧のロマン ゲルマン神話』ドナルド・A・マッケンジー著　東浦義雄、竹村恵都子編訳　大修館書店
『ゲルマン神話 下 英雄伝説』ライナー・テッツナー著　手嶋竹司訳　青土社
『ゲルマン神話 ニーベルンゲンからリルケまで』吉村貞司著　読売新聞社
『図説ケルト神話物語』イアン・ツァイセック著　山本史郎、山本泰子訳　原書房
『ケルト神話の世界』ヤン・ブレキリアン著　田中仁彦、山邑久仁子訳　中央公論社
『ケルト神話』プロインシァス・マッカーナ著　松田幸雄訳　青土社
『ケルト神話・伝説事典』ミランダ・J・グリーン著　井村君江監訳　渡辺充子、大橋篤子、北川佳奈訳　東京書籍
『アイルランドの民話』ヘンリー・グラッシー編　大澤正佳、大澤薫訳　青土社
『シャルルマーニュ伝説 中世の騎士ロマンス』トマス・ブルフィンチ著　市場泰男訳　講談社学術文庫
『アスガルドの秘密 北欧神話冒険紀行』ヴァルター・ハンゼン著　小林俊明、金井英一訳　東海大学出版会
『ゲルマン人の神々』ジョルジュ・デュメジル著　松村一男訳　国文社
『エッダ 古代北欧歌謡集』谷口幸男訳　新潮社
『北欧神話』H・R・エリス・デイヴィッドソン著　米原まり子、一井知子訳　青土社
『北欧神話物語』キーヴィン・クロスリイ-ホランド著、山室静、米原まり子訳　青土社

『古代エジプトの秘教魔術』吉村作治著　大陸書房
『エジプト神話』ヴェロニカ・イオンズ著　酒井傳六訳　青土社
『インド神話』ヴェロニカ・イオンズ著　酒井傳六訳　青土社
『インド神話伝説辞典』菅沼晃編　東京堂出版
『メソポタミアの神話 神々の友情と冒険』矢島文夫著　筑摩書房
『図説アラビアンナイト』西尾哲夫著　河出書房新社
『世界の民話 中近東』小沢俊夫、鈴木満訳　ぎょうせい
『ゾロアスター教の神秘思想』岡田明憲著　講談社現代新書

『「西遊記」の神話学 孫悟空の謎』入谷仙介著　中公新書
『孫悟空の誕生 サルの民話学と「西遊記」』中野美代子著　玉川大学出版部
『中国の鬼神 天地神人鬼』實吉達郎著　新紀元社
『中国幻想ものがたり』井波律子著　大修館書店
『道教事典』野口鐵郎、福井文雅ほか編　平河出版社

『モンゴルの神話・伝説』原山煌著　東方書店

『日本伝奇伝説大事典』乾克己、志村有弘ほか編　角川書店
『日本古典文学全集 今昔物語集（1）』小学館
『大仙人』舟崎克彦著　パロル舎

『「世界の神々」がよくわかる本』東ゆみこ監修　造事務所著　PHP文庫
『「天使」と「悪魔」がよくわかる本』吉永進一監修　造事務所編著　PHP文庫
『世界の「神獣・モンスター」がよくわかる本』東ゆみこ監修　造事務所編著　PHP文庫
『日本と世界の「幽霊・妖怪」がよくわかる本』多田克己監修　造事務所編著　PHP文庫
『伝説の「武器・防具」がよくわかる本』佐藤俊之監修　造事務所編著　PHP文庫
『100文字でわかる世界の宗教』一条真也監修　ベスト新書

このほか、多数のWebサイト、書籍を参考としています。

監修者紹介
佐藤　俊之（さとう　としゆき）
1966年生まれ。東京都出身。東京造形大学在学中より執筆活動に入る。神話伝承、および戦史に造詣が深い。著書に『聖剣伝説』『聖剣伝説Ⅱ』（以上、新紀元社）、訳書に『ナポレオンの軽騎兵』（新紀元社）、監修書に『伝説の「武器・防具」がよくわかる本』（PHP文庫）などがある。

編著者紹介
造事務所（ぞうじむしょ）
企画・編集会社（1985年設立）。編著となる単行本は年間40数冊にのぼる。編集物に『「世界の神々」がよくわかる本』『伝説の「武器・防具」がよくわかる本』（以上、PHP文庫）、『100文字でわかる世界地図』（KKベストセラーズ）、『図解　世界がわかる「地図帳」』（三笠書房）などがある。

連絡先
〒171-0022　東京都豊島区南池袋3-16-7 MKビル4F
Tel：03-3986-1851
Fax：03-3986-1852
E-mail：zou@rb4.so-net.ne.jp

イラスト――――仙田聡、森岡洋二朗
本文デザイン――――井上亮
文　章――――高橋一人（LEGENDⅠ）、阿部毅（LEGENDⅡ、Ⅲの一部）、奈落一騎（LEGENDⅢの一部、Ⅳ）、佐藤賢二（LEGENDⅤ）、佐藤俊之（魔法とアイテムの歴史）
校　正――――中山良昭
ＤＴＰ――――福原武志

本書は、書き下ろし作品です。

PHP文庫　伝説の「魔法」と「アイテム」がよくわかる本

2008年6月18日　第1版第1刷
2008年7月31日　第1版第4刷

監修者　佐藤俊之
編著者　造事務所
発行者　江口克彦
発行所　PHP研究所
東京本部　〒102-8331 千代田区三番町3番地10
文庫出版部　☎03-3239-6259（編集）
普及一部　☎03-3239-6233（販売）
京都本部　〒601-8411 京都市南区西九条北ノ内町11
PHP INTERFACE　http://www.php.co.jp/
印刷所
製本所　図書印刷株式会社

ISBN978-4-569-67043-0